Lo que otros dicen
El discernidor...

Cuando pienso en mi amigo James Goll, pienso en un hombre íntegro, sin dobleces. Me recuerda al profeta Daniel en las Escrituras porque tiene un solo enfoque y es un hombre de integridad. Su vida, en los buenos momentos y en los malos, parece ser una parábola profética de la gracia ilimitada de Dios obrando en la vida de su siervo. Este siervo del Señor es también uno de los mejores estudiantes de la Palabra que he conocido jamás. Su búsqueda de todo lo verdadero parece atraer ideas y revelación en una medida que no es la normal para la mayoría de nosotros. La pasión de James Goll es hacerlo práctico, y después darlo todo. Creo que el libro *El discernidor* es un regalo de este profeta para la iglesia. E igual que ocurrió con su libro *El vidente*, marcará a la iglesia durante décadas futuras. Léelo, disfrútalo y sé inspirado, equipado y empoderado *para un tiempo como este.*

—*Bill Johnson*
Bethel Church, Redding, CA
Autor de *Cuando el cielo invade la tierra* y *Dios es bueno*

Cuando viajo por la nación enseñando principios sobre guerra espiritual, hay una verdad que queda dolorosamente clara: el cuerpo de Cristo, en general, carece de discernimiento. La realidad es que muchos creyentes simplemente no han sido activados o entrenados para discernir espíritus. Sin embargo, el discernimiento es un don vital en este tiempo de falsos profetas, falsos maestros y falsos cristos que se levantan en el mundo con suaves dichos, rimas y acertijos.

El discernimiento de espíritus es uno de los nueve dones del Espíritu Santo que Pablo enumera en 1 Corintios 12:7-11. Es la capacidad inspirada por el Espíritu Santo de distinguir entre las operaciones del Espíritu Santo, un espíritu demoniaco, y el espíritu humano. El discernimiento de espíritus es especialmente útil en la profecía, cuando necesitamos probar los espíritus para ver si son de Dios (1 Juan 4:1). Es también vital en la guerra espiritual para que podamos determinar con precisión contra qué estamos batallando en lugar de tan solo dar golpes a ciegas mediante adivinanzas (1 Corintios 9:26).

El más reciente libro de James Goll, El discernidor, equipa al cuerpo acerca del discernimiento. Visto lo que ocurre en el mundo y en la iglesia, este libro llega en un momento adecuado. Los lectores entenderán con claridad cómo descubrir el don de discernimiento en sus muchas manifestaciones, tanto como cultivar un discernimiento bíblico para probar los espíritus. Le doy gracias a Dios porque James ha escrito este libro práctico. Es verdaderamente para un tiempo como este.

—Jennifer LeClaire
Editora principal, Charisma y Spirit Led Woman
Líder principal, Awakening House of Prayer
Fort Lauderdale, FL

Admiro al profeta James Goll por la tremenda influencia que ha sido durante tantos años, y sigue siendo, en el despertar profético en el cuerpo de Cristo. Lo considero uno de los profetas de los últimos tiempos que no solo profetiza con precisión el futuro, sino que también trae una poderosa manifestación de adoración y milagros en el ahora, siempre que fluye en lo profético. Es un hombre con experiencia en la Palabra que sabe cómo oír la voz del Espíritu de Dios para traer una revelación fresca y para enseñar a otros a aplicar lo que el Espíritu está diciendo a la Iglesia hoy.

Su más reciente libro, El discernidor, contiene verdades y revelación importantes para las apremiantes necesidades de la Iglesia: para detectar y derrotar el engaño del espíritu de este siglo, necesitamos sintonizar para discernir y oír la voz de la verdad de nuestro Pastor, Jesús. Recomiendo El discernidor, ya que ayudará a los lectores a entender cómo cultivar un mayor nivel de discernimiento bíblico en general, así como activar y crecer en el don de discernimiento en particular. Lleno de una revelación profunda, pero a la vez apetitosa, estoy seguro de que este libro les será útil a innumerables creyentes como un faro en la oscuridad y una brújula que apunta certeramente hacia el norte.

—*Apóstol Guillermo Maldonado*
King Jesus International Ministry, Miami, FL

Conozco a James Goll desde hace más de una década. Mi amigo, y también y más importante, este amigo de Dios, es conocido por combinar tres hilos de verdad en todo lo que hace. James aporta un peso de enseñanza bíblica para producir un fundamento sólido. Después construye sobre esto añadiendo un segundo componente de precedentes encontrados en la historia judía y de la Iglesia. A esto le sigue un tercer ingrediente necesario de testimonios contemporáneos de la obra del Espíritu Santo hoy. James lo ha vuelto a hacer para nosotros en *El discernidor*. Es un manual excelente para ayudar a los creyentes en el Mesías a saber cómo vivir una vida sobrenatural con eficacia hoy.

—*Sid Roth*
Presentador de *¡Es sobrenatural!* TV
Autor, evangelista, y orador motivacional

Acabo de terminar de leer el nuevo libro de James Goll, *El discernidor*, y ¡es tremendo! Permíteme decirlo de esta forma: hay muchos libros acerca de cómo oír la voz de Dios, pero este es mucho más profundo, equipándote en base a la experiencia de vida y ministerio profético de James. Te da un mapa de ruta para hacerte camino en cómo manifestar la revelación que recibes, y dejar que Dios cambie tu naturaleza en el proceso. James es una enciclopedia de revelación y materiales sobrenaturales, y este libro es como un toque final de todas sus anteriores obras maravillosas sobre dones de revelación. Lo recomiendo mucho, ¡y lo he disfrutado inmensamente!

—*Shawn Bolz*
www.bolzministries.com

Sería difícil imaginarse un tiempo en el que el discernimiento fuera más importante que ahora. James Goll ha sido un observador, participante o líder de casi todas las olas importantes del Espíritu Santo en el ministerio durante cuarenta años, y está perfectamente preparado para enseñar a la Iglesia a navegar por los distintos paradigmas morales, espirituales y políticos rivales en este mundo moderno. Su nuevo libro, *El discernidor*, está lleno de buenas ideas y nos permite beneficiarnos de toda esa experiencia de su observación e interacción con líderes, iglesias, denominaciones y movimientos. Al meditar en este libro tendrás un mayor entendimiento de las fuerzas que afectan tu vida y cómo mantener de forma inteligente tu caminar con Dios. Lee, aprende y crece en Cristo.

—*Joan Hunter*
Autora y evangelista de sanidades
Joan Hunter Ministries

Uno de los dones más grandes que Dios ha dado a su pueblo es el don de discernimiento. ¡Cuánto necesitamos un discernimiento sabio y compasivo en estos últimos tiempos! En *El discernidor*, James Goll bosqueja ante nosotros una enseñanza clara y concisa sobre tener un corazón para discernir las obras de Dios y las obras del enemigo. No he leído un libro mejor para prepararnos para los días venideros. Los que disciernan los caminos de la voluntad de Dios serán los que nos guíen a la gloria venidera. Cada pastor, líder, intercesor y adorador debe leer este libro. Cada creyente será edificado y recibirá herramientas para ser un discernidor valioso en los días venideros. Compra este libro para ti y otro para un amigo. ¡Él también te lo agradecerá!

—*Brian Simmons*
Stairway Ministries
Traductor jefe, The Passion Translation Project

El Dr. James Goll es uno de los vasos escogidos y ungidos de Dios para identificar profetas y para crecer en los dones y habilidades proféticas dentro del cuerpo de Cristo. Ha enseñado hábilmente y ha sido mentor en varios aspectos de la revelación profética en el transcurso de los años, y ahora nos presenta un componente muy importante: *El discernidor*. Hay muy poco escrito sobre este tema, y a la vez es vital para nosotros que lo entendamos. Muchos lectores se definirán como "discernidores" cuando lean este libro. Como siempre, el Dr. James Goll ha escrito una obra significativa que continuará enseñando y entrenando a otros durante nuevas generaciones. ¡Bien hecho!

—*Patricia King*
Fundadora, Patricia King Ministries
www.xpministries.com

James es un inmenso y valioso tesoro, lleno de sabiduría y revelación en todo lo referente a ver y discernir espiritualmente. Al margen de cuál sea el nivel de discernimiento que tengas actualmente, este maravilloso libro proveerá una actualización para llevarte al siguiente nivel. Los capítulos sobre tus sentidos espirituales no tienen precio. Está todo conectado para crecer en intimidad con Dios, y ese será el fruto de tu lectura de este maravilloso libro.

—*Johnny Enlow*
Orador internacional y autor, *The Seven Mountain Renaissance*

La necesidad de discernimiento dentro de la Iglesia es de vital importancia. James Goll hace un trabajo brillante a la hora de desarrollar este tema con elocuencia y profundas revelaciones que se han escrito con verdad y claridad. Este libro es una herramienta profética para que los creyentes sean equipados en el área del discernimiento espiritual y oír la voz de Dios. Disfruté cada página y descubrí que no podía dejar de leer el libro porque estaba aprendiendo en otro nivel más profundo. James es un pozo profundo, y cuando se trata de enseñar, es estelar. Creo verdaderamente que este es el mejor libro que he leído sobre el tema, y lo recomiendo mucho. Gracias, James, por ser una voz profética tan poderosa en esta generación.

—*Alex Seeley*
Orador y escritor
Copastor, The Belonging Co, Nashville, TN

James Goll no es tan solo un buen amigo; lo considero una de las mentes profundas y con visión respecto a la percepción profética. A medida que la Iglesia continúa avanzando en la intención de Dios para su futuro, más oirás sobre la necesidad de una "Teología del discernimiento" pentecostal y carismática. Como un pueblo que cree en la llenura del Espíritu, nuestra comprensión del proceso de percepción y discernimiento está influenciada por nuestros encuentros con el cordón de tres hilos de Dios Padre que nunca ha de separarse: el Espíritu Santo, el Hijo de Dios y las Escrituras. Dentro de la interrelación de los tres, nosotros, como la compañía de sacerdotes reales proféticos de Dios, estamos entendiendo cómo todo el propósito del discernimiento tiene que generar respuestas y acciones piadosas que produzcan los resultados que Dios desea. El más reciente libro de James, *El discernidor,* nos da a todos un lugar en la mesa donde se está produciendo esta conversación, y seguirá ocurriendo y ampliándose a medida que avanzamos hacia el futuro que Jesús nos ha preparado. Mi agradecimiento a James por hablar de este tema. A medida que lo leas, ¡descubrirás lo mucho que brilla James en cada página!

—*Dr. Mark J. Chironna*
Church On The Living Edge
Mark Chironna Ministries, Longwood, FL

JAMES W. GOLL

EL
DISCERNIDOR

WHITAKER
HOUSE
Español

A menos que se indique lo contrario, todas las citas de la Escritura han sido tomadas de la *Santa Biblia, Nueva Versión Internacional*®, NVI®, © 1999 por la Sociedad Bíblica Internacional. Usadas con permiso. Todos los derechos reservados. Las citas de la Escritura marcadas (RVR 1960) son tomadas de la *Santa Biblia, Versión Reina-Valera 1960*, RVR, © 1960 por las Sociedades Bíblicas en América Latina; © renovado 1988 por las Sociedades Bíblicas Unidas. Usadas con permiso. Todos los derechos reservados. Las citas de la escritura marcadas (RVC) son tomadas de *Reina Valera Contemporánea*® © Sociedades Bíblicas Unidas, 2009, 2011. Usadas con permiso. Todos los derechos reservados.

Traducción al español por:
Belmonte Traductores
Manuel de Falla, 2
28300 Aranjuez
Madrid, ESPAÑA
www.belmontetraductores.com

Editado por: Ofelia Pérez

El discernidor
Escuchar, confirmar y actuar sobre la revelación profética

Publicado originalmente en inglés en el 2017 bajo el título The Discerner.

ISBN: 978-1-64123-255-5
Ebook ISBN: 978-1-64123-256-2
Impreso en los Estados Unidos de América.
© 2019 por James W. Goll

Whitaker House
1030 Hunt Valley Circle
New Kensington, PA 15068
www.whitakerhouseespanol.com

Por favor, envíe sugerencias sobre este libro a: comentarios@whitakerhouse.com. Ninguna parte de esta publicación podrá ser reproducida o transmitida de ninguna forma o por algún medio electrónico o mecánico; incluyendo fotocopia, grabación o por cualquier sistema de almacenamiento y recuperación sin el permiso previo por escrito de la editorial. En caso de tener alguna pregunta, por favor escríbanos a permissionseditor@whitakerhouse.com.

DEDICATORIA

Al meditar y orar por la dedicatoria de este libro en particular, vinieron a mi mente dos personas. Ambas han sido amigos y compañeros, y a la vez líderes espirituales y consejeros que han hablado a mi vida en muchas ocasiones durante los años. En gratitud y como un acto de honra, deseo dedicar *El discernidor* a la influyente profetisa Cindy Jacobs, y a Ché Ahn, uno de los apóstoles más significativos de esta generación. Ambas personas me han tocado profundamente, y he necesitado y valorado su discernimiento. ¡Gracias por invertir en mi vida durante tantos años!

RECONOCIMIENTOS

A lo largo de los años, el Señor me ha dado el privilegio de caminar con un grupo de personas que me han animado, que han orado por mí, me han desafiado y me han ayudado de muchas formas prácticas y espirituales. Se dice que una persona exitosa se rodea de personas con mejores habilidades que las que él mismo tiene. Eso es totalmente cierto en mi caso. Quiero reconocer y honrar a unas cuantas de estas personas estelares.

Primero, me quito el sombrero ante Kathy Deering, mi editora asistente en más proyectos de los que podría enumerar. Esta excelente escritora-editora conoce mi particular voz al dedillo; ella toma los ingredientes en bruto de mis bosquejos, metas visionarias y transcripciones, y desarrolla el producto final que yo no soy capaz de crear por mí mismo.

Después, quiero agradecer a un amigo que cree tanto en mí que me escucha mientras yo continúo hablando y hablando. Don Milam ha conocido el camino de vida que yo sigo, y ha permanecido conmigo en las buenas y en las malas, defendiendo mis planes, propósitos y búsquedas.

En tercer lugar, deseo agradecer al equipo y consejo directivo de God Encounters Ministries. Tengo dos miembros de este comité que han estado conmigo más de lo que yo recuerdo: Dr. William (Bill) Greenman y Dr. John Mark Rodgers. Para ellos, "gracias" es una expresión inadecuada. El núcleo de mi equipo ministerial, Jeffrey Thompson, Kay Durham, Don Clark, y Tyler Goll, también me han ayudado bien durante muchos años, y su excelencia y fidelidad significan muchísimo para mí. La unidad en la diversidad que compartimos en nuestro consejo y equipo de trabajo ¡es lo más parecido a un sueño hecho realidad!

Gracias también a Bob Whitaker Jr. por su gran corazón, por abrirme de par en par las puertas de Whitaker House. Bob, es un honor caminar contigo y con tu maravilloso equipo. ¡Que el Señor bendiga a cada uno de ustedes!

ÍNDICE

Prólogo por Lance Wallnau 15

Introducción: La plomada 19

SECCIÓN UNO: RECIBIR REVELACIÓN

1. Rendir tus sentidos al Espíritu Santo 27
2. Ver: "Los ojos de tu corazón" 41
3. Oír: "Hablará todo lo que oyere" 59
4. Sentir: "Del corazón mana la vida" 75
5. Gusto, olfato, y otras guías 91
6. Conocer: el sexto sentido 105

SECCIÓN DOS: DISCERNIR LA REVELACIÓN

7. Probar los espíritus: "No creáis a todo espíritu" 123
8. El espíritu de engaño: seductor y manipulador 141
9. Exponer las influencias demoniacas: liberando a los cautivos 155
10. Cómo mantenernos alejados de las trampas de Satanás: sabiduría para evitar obstáculos comunes 171

11. Crear un lugar seguro:
    cultivar una cultura de sabiduría y fe 185
12. El propósito supremo de la revelación:
    la Palabra se hace carne...203

Lecturas recomendadas 217
Acerca del autor 219

PRÓLOGO

James W. Goll es un líder con una voz profética que ha moldeado a esta generación. Fiel a sus instintos proféticos, ha escrito un libro que es poderoso por el tiempo preciso en que aparece. Desde el momento que vi el manuscrito, no pude dejar de leerlo.

El arma número uno que el diablo despliega en estos últimos tiempos no es la marca de la bestia, el islam radical o un holocausto nuclear. Su arma número uno es el engaño. La principal descripción de la actividad de Satanás en el libro de Apocalipsis es que él es quien "engaña al mundo entero", cuya principal actividad la consigue cuando "sale a engañar a las naciones" (ver Apocalipsis 12:9; 20:8). Si su arma principal es el engaño, el don principal que más necesitamos (y que con más frecuencia falta) en el cuerpo de Cristo es lo que James Goll escribe aquí:¡el *discernimiento de espíritus!*

El Señor habló a James cuando era un pastor joven, y dijo una frase que impactó su vida: "Tu cosmovisión de los últimos tiempos determinará tu estilo de vida". Para James no importa cuál sea tu visión particular del final, mientras estés avanzando en la actividad del reino, recogiendo la cosecha de los últimos tiempos y haciendo discípulos a todas las naciones. Esta calidad de vida solo puede darse cuando uno distingue la voz de Dios, de la falsificada. Me gusta cómo lo expresa James:

En este momento en el tiempo, cada acto de guerra espiritual está llevando a una batalla de los últimos tiempos. Nos corresponde a cada uno de nosotros convertirnos en discernidores que, como los antiguos sacerdotes de Sadoc (ver Ezequiel 44:15-23), no solo pueden saber la diferencia entre lo santo y lo profano, sino que también pueden enseñársela a otros. Aprendemos a vivir según el Sermón del Monte de Jesús (ver Mateo 5-7), y lo enseñamos también a otros, principalmente mediante nuestras acciones más que nuestras palabras. Relación. Revelación. Encarnación. Este es nuestro objetivo; ¡esta es nuestra meta! Cuando recibimos y discernimos la revelación de Dios, nos convertimos en una palabra de Dios que penetra la oscuridad al encender la luz.

James hace un trabajo magistral detallando cómo puedes rendir todos tus sentidos al Espíritu Santo para que puedas ver, oír, sentir, probar, oler y saber, con un profundo conocimiento interior, al Espíritu de Dios. También expone el espíritu de engaño y cómo opera, bosquejando las trampas e influencias que usa para intentar prepararte para la ofensa o el error. Te muestra cómo puedes *"probar los espíritus para ver si son de Dios"* (1 Juan 4:1). Como él explica: "La realidad sobrenatural invisible que nos rodea está poblada por ángeles y demonios, y los seres humanos somos notoriamente malos a la hora de distinguir la diferencia entre los buenos espíritus y los malos".

James es un guía y maestro con experiencia que no solo ha trazado un manual informativo y fácil de leer para tu viaje, sino que también ha infundido su propio espíritu intercesor en los capítulos, concluyendo cada segmento con una oración escrita especialmente para que puedas estar seguro en la revelación.

Al leer este libro, ora para que Jesús te capacite para *recibir* su revelación y para *discernir* su mensaje en medio del caos de muchas voces que compiten alrededor de tu vida. Después Él te capacitará

¡para *convertirte* en la revelación de lo que estás oyendo! La habilidad para discernir la verdad y discernir el error es el camino que te lleva al "todo" que Dios ha planeado para tu vida. Si eres como yo, marcarás mucho este libro, y lo consultarás una y otra vez.

—*Lance Wallnau*
Fundador de Lance Learning Group
Autor, *God's Chaos Candidate: Donald J. Trump and the American Unraveling*

INTRODUCCIÓN: LA PLOMADA

A menudo me refiero a mí mismo como alguien parecido al profeta Amós, debido a mi trasfondo desconocido similar y la naturaleza de mi llamado profético. Me crié en Cowgill, Missouri, que tenía una población de 259 personas en ese entonces, y ahora es incluso más pequeño. Mi familia no era prestigiosa. Ninguna persona famosa ha salido jamás de Cowgill, y no hay mega iglesias ni instituciones de enseñanza superior allí. Es una comunidad agrícola, donde las personas trabajan mucho para vivir. En otras palabras, no hay nada en mi trasfondo geográfico, familiar o social que pudiera haberme preparado para la comisión profética que he estado siguiendo durante toda mi vida adulta. Pero como le gusta decir a la profetisa Cindy Jacobs: "¡Dios sabe!".

En Judea, en el Antiguo Testamento, Amós comenzó como un "don nadie" también, ya que su familia no era parte de la nobleza, él nunca había sido asociado con ninguna escuela de profetas, y no creció en un entorno urbano, sino en uno rural donde cuidaba ovejas:

> *Yo no soy profeta, ni hijo de profeta. Soy boyero, y recojo higos silvestres. Pero el Señor me quitó de andar tras el ganado, y me dijo: "Ve y profetiza a mi pueblo Israel".*
>
> (Amós 7:14-15 RVC)

Amós nunca había esperado oír la voz de Dios, y no había anticipado convertirse en profeta. Sin embargo, obedeció su llamado profético y se dedicó al aprendizaje de lo que necesitaba saber para ser fiel a ese llamado. Como mejor se le conoce es por hacer pública una palabra acerca de que Dios estaba preparando una "plomada" en la nación de Israel para medir la verdad y la justicia del pueblo y sus gobernantes. El Espíritu de Dios le dio esta visión:

El Señor me mostró otra visión: Estaba él de pie junto a un muro construido a plomo, y tenía una cuerda de plomada en la mano. Y el Señor me preguntó: — ¿Qué ves, Amós? —Una cuerda de plomada —respondí. Entonces el Señor dijo: —Mira, voy a tirar la plomada en medio de mi pueblo Israel; no volveré a perdonarlo. (Amós 7:7-8)

La cuerda de plomada de Dios es de suma importancia, no solo para alinear la vida humana torcida con la rectitud perfecta de Dios, sino también para discernir la voz de Dios en primer lugar. En medio de todo el ruido del mundo, necesitamos ser capaces de discernir con claridad la voz de Dios. Dios quiere que sepas lo que está diciendo, aunque nunca necesites vestir un manto profético en público.

Al igual que Amós, yo trabajo mucho para traer una plomada que pueda ayudar al pueblo de Dios a hacer todo según la palabra del Señor. Ya sea que escriba libros o que imparta seminarios o dirija reuniones de oración, me esfuerzo por operar lo mejor que pueda según lo que Él me ha enseñado. Mi principal recurso, por supuesto, es la Palabra de Dios: la Biblia. Pero años de experiencia personal han marcado una gran diferencia en cómo he aprendido a aplicar la Palabra. El Espíritu Santo está siempre activo, y yo intento siempre mantenerme alerta a sus impulsos. El Espíritu es nuestro mejor Maestro, e incluso al presentar en este libro lo que he aprendido sobre recibir y discernir lo que Dios revela a su pueblo, quiero ser sensible a nuevas perspectivas y nuevas formas de comunicar la verdad.

Leer los doce capítulos de *El discernidor* te llevará por un viaje de descubrimiento de la revelación de Dios para nosotros hoy, un viaje que yo mismo he tomado. Quiero transmitirte lo que me han transmitido a mí (al relatar este viaje, ¡he aprendido también cosas nuevas durante el camino!). Los seis primeros capítulos explican cómo puedes recibir revelación de Dios mediante tus sentidos naturales, como la vista y el oído, y también cómo abrirte a sentidos sobrenaturales mediante los cuales puedes conocer incluso mejor lo que Dios quiere mostrarte. Los capítulos siete al doce explican bien el arte del discernimiento. Aprenderás qué hacer cuando Satanás intente infiltrarse en el mensaje de Dios, y podrás identificar un modelo de vida de fe saludable, equilibrado, dinámico y de discernimiento.

Todos necesitamos convertirnos en un *discernidor*, no importa cuál sea nuestro trasfondo personal, don específico o función en el cuerpo de Cristo. Aunque algunos creyentes están especialmente dotados como profetas, *cada* seguidor de Jesús recibe los dones de revelación y discernimiento. ¡Y cada creyente tiene que usarlos! De hecho, sin discernimiento y sensibilidad al Espíritu Santo no podemos progresar en nuestro uso de ninguno de los dones y llamados.

Al final, desarrollar discernimiento no se trata tanto de conocer el futuro como de traer el reino de Dios al tiempo y lugar en el que vives. El Evangelio de Juan comienza con las palabras: *"Y la Palabra se hizo carne, y habitó entre nosotros…llena de gracia y de verdad"* (Juan 1:14 RVC), refiriéndose a la venida de Jesucristo a la tierra. En un sentido muy real, tú y yo llevamos la Palabra de Dios para que habite en medio del mundo si permanecemos sensibles al fluir de su Espíritu. Mediante nuestra relación con Dios recibimos revelación. Y al llevar esa revelación al mundo que nos rodea, de hecho estamos encarnando su Palabra en nuestras vidas comunes y sencillas, como lo hizo Amós. Por favor, únete a mí en un "curso de plomada": *El discernidor*.

¡Descargas divinas más adelante! ¡Prepárate!

SECCIÓN UNO: RECIBIR REVELACIÓN

En esta primera sección hablo del tema de recibir revelación, aunque esto no es algo que puedas aprender solamente leyéndolo en un libro. Es mucho más profundo que eso; tiene que ver con tu relación personal con Dios.

En *La vida cristiana normal*, Watchman Nee escribió: "Primero debo tener la sensación de que Dios me posee antes de poder tener la sensación de que su presencia está conmigo".[1] Dios creó a los seres humanos con sentidos físicos, capacidades de percepción que nos permiten discernir el entorno en el que vivimos, tanto natural como espiritual. Los sentidos que exploraremos en esta primera mitad del libro son ver, oír, sentir, gustar y oler, así como un sexto sentido: "conocer". Todos tus sentidos serán activados y mejorados a medida que los rindes a su Creador, quien te diseñó para operar a un alto nivel de sensibilidad espiritual al mundo que te rodea.

El capítulo uno trata el tema de rendirte a Dios y permitirle que te posea, que es siempre el camino hacia su presencia y donde puedes recibir revelación sin obstáculos. El tipo de rendición del que estoy hablando no es como el de rendirse ante un adversario; es simplemente entregarte a Dios y obedecer su voluntad.

---

1. *The Collected Works of Watchman Nee* (Anaheim, CA: Living Streams, 1993), p. 71.

La revelación fluye de forma más rápida y fácil mediante un vaso entregado. Esferas más altas de gloria están a disposición de aquellos que se rinden humildemente al Espíritu Santo.

El capítulo dos trata sobre desarrollar tus ojos espirituales para ver como Dios ve. Hay mucho que sucede a nuestro alrededor, pero no muchas veces lo percibimos. Examinaremos las muchas capas del don de vidente, y explicaré cómo puedes entrar de forma más plena en ese don.

El capítulo 3 nos presenta el ámbito de escuchar. Como Jesús expresó en Juan 16:13-15, un aspecto importante del ministerio del Espíritu es *escuchar* al Padre y al Hijo (*"hablará todo lo que oiga"*, versículo 13, RVC), y deberíamos seguir su ejemplo. Son necesarias dos personas para que haya comunicación. Enfatizo no solo el hecho de que la comunicación es una carretera de dos sentidos, sino también que deberíamos pasar más tiempo escuchando a Dios que hablándole.

En el capítulo cuatro exploramos el equivalente espiritual al sentido físico del tacto, el sentido de sentir (nuestros sentimientos o respuestas emocionales al entorno que nos rodea). Mi meta es mostrarte que el sentido de sentir es una especie de lectura Braille emocional y espiritual, que puede ayudarte a percibir señales que tus otros sentidos podrían pasar por alto. Explico lo que bloquea la sensibilidad espiritual y cómo puedes sintonizar mejor con los pensamientos y deseos de Dios.

El capítulo cinco cubre el gusto y el olfato. En cuanto al sentido espiritual del gusto, la Biblia deja claro que se refiere al discernimiento y a distinguir entre lo bueno y lo malo. Las Escrituras están llenas de referencias al sentido del gusto. Por ejemplo, en Salmos 34:8 leemos: *"Prueben y vean que el Señor es bueno"*. El gusto y el olfato están íntimamente relacionados entre sí, y al ejercitar nuestros sentidos, también podemos extraer significado de lo que ciertos olores y aromas simbolizan, ya sean santos o impíos.

En el capítulo seis me zambullo en el sexto "sentido": conocer, o las impresiones espirituales. Como no todos los pensamientos vienen de Dios, te daré consejos para saber discernir la diferencia entre una impresión divina y un pensamiento aleatorio. De forma adicional, como creyente, es esencial que reconozcas que tienes la mente de Cristo (ver 1 Corintios 2:16). Quiero ayudarte a entender qué hacer con el conocimiento que viene de Dios, para que camines con una inteligencia divina.

Avancemos ahora hacia el ámbito de recibir revelación.

1

RENDIR TUS SENTIDOS AL ESPÍRITU SANTO

"El alimento sólido es para los que han alcanzado madurez, para los que por el uso tienen los sentidos ejercitados en el discernimiento del bien y del mal".
— Hebreos 5:14 (RVR1960)

Como niño criado en una pequeña ciudad en Missouri, me encantaba ver programas en nuestro pequeño televisor en blanco y negro. Los veía todo el tiempo que me lo permitían, y la imagen nunca me parecía aburrida, sin vida o carente de nitidez. Pero cuando, de repente, junto a las familias más humildes nosotros también nos pasamos a un televisor de color, los programas cobraron vida para mí de una forma nueva.

Hubo una vez en que mi vida cristiana se parecía mucho a nuestro antiguo televisor en blanco y negro. La programación y recepción no eran demasiado malas, y pensaba que las cosas así estaban bien. Entonces todo cambió de forma inesperada, y desde entonces nunca más he querido volver atrás. Esto es lo que ocurrió.

Durante algún tiempo había estado recibiendo varias imágenes mentales breves. Observaba algo durante un milisegundo y pensaba:*¿De dónde vino eso? ¿Qué fue eso?* Era como si mis sentidos se estuvieran despertando. De forma ocasional, parecía que yo era capaz de mirar en lo profundo del ser de una persona y discernir algo que nunca aparecería ante el ojo humano. Recuerdo la primera vez que me ocurrió. Conocí a un líder de una iglesia en específico, y fue como si pudiera ver diamantes brillando dentro de su mente, mientras a la vez sabía qué significaba esa imagen. Pensé en que todos tenemos la mente de Cristo (ver 1 Corintios 2:16), y pude saber que este hombre tenía el espíritu de sabiduría de Dios en un grado excepcional. También sentí que esa sabiduría de Dios se usaría para el beneficio tanto de la iglesia, como del gobierno secular.

Fue como comenzar a ver en color en vez de ver en blanco y negro. O para usar la analogía del versículo del comienzo de este capítulo, fue como dejar de ser un bebé que solo bebe leche, y comenzar a probar comida sólida.

Comencé a creer que Dios tenía más para mí, y comencé a prestar atención a los nuevos "alimentos sólidos" que Él me estaba enviando, probando su sabor, olor, textura y apariencia, y observando cómo me hacían sentir. Comparaba mis experiencias con las de otros de quienes había leído en la Biblia o de quienes había oído hablar. Quería saber qué era de Dios y qué era de mi propia imaginación o de cualquier otra fuente.

OFRECE TUS SENTIDOS INTENCIONALMENTE

Cada uno de nosotros ha sido equipado con cinco sentidos naturales: vista, oído, olfato, gusto y tacto (también hay algo llamado "sentido común", ¡algo que algunos parecemos no tener!).

El primer paso para comenzar a discernir las comunicaciones de Dios con nosotros conlleva ofrecerle intencionalmente nuestros sentidos. A menos que hagamos esto, y de manera continua, no seremos capaces de crecer y llegar a la madurez de Cristo Jesús. Si no nos entregamos a Él intencionalmente, será muy difícil saber lo que Él quiere que sepamos y, por lo tanto, será difícil seguirlo de forma obediente.

Cuando rendimos nuestros sentidos a nuestro Creador, Él los mejora. Lo que Dios quiere se "descarga" con menos lentitud que antes. A medida que practicamos el conectarnos con Él, Él aumenta nuestra capacidad. Lo que solía parecer imposible se vuelve alcanzable. Me gusta decir: "Uno más Dios hace que lo imposible sea posible". Más aún, ¡es divertido! Oír de Dios es una fuente perpetua de gozo puro.

> OÍR DE DIOS ES UNA FUENTE
> PERPETUA DE GOZO PURO.

Algunas personas llaman a esto "activar tus sentidos", y es eso mismo. Pero no puedes activar tus sentidos por ti mismo; debes activarlos presentándoselos a Aquel que los creó. Es pedirle que los unja y active para sus propósitos, en amor.

Después los ejercitas usándolos. Como lo dice el versículo de inicio: *"...para los que por el uso tienen los sentidos ejercitados en el discernimiento del bien y del mal".* El evangelista Jerame Nelson lo expresa de esta forma: "Es para que veas, oigas, toques, pruebes y huelas en lo natural y en el espíritu. Porque las cosas del espíritu no se pueden discernir solo en lo natural. Necesitamos que nuestro 'hombre espiritual' cobre vida e interactúe a un nivel sensorial totalmente distinto".[2]

Cuando se activen tus sentidos, puede que empieces a recibir "visiones instantáneas" en los ojos de tu mente, como me pasó a mí. Quizá sientas las emociones de Dios de ira o compasión. Una

---

2. Jerame Nelson, *Activating Your Spiritual Senses* (Chula Vista, CA: Living at His Feet Publications, 2012), p. 14.

palabra o frase quizá viene a tu mente. O puede que sientas o incluso huelas que algo está "fuera". ¿Qué? Puede que pienses, ¿qué podría significar esto?

El proceso de descubrir estas comunicaciones de Dios consiste en prueba y error, como aprender a montar en bicicleta. Como padre, recuerdo ayudar a mis cuatro hijos a aprender a montar en bicicleta, corriendo junto a ellos con mi mano puesta en su espalda hasta que podían mantenerse rectos por sí mismos durante unos cuantos metros. Se emocionaban mucho cuando finalmente lo conseguían, y cuando se caían, les ayudaba a levantarse.

Del mismo modo, practicar el uso de tus sentidos para discernir el bien y el mal conllevará algunas caídas. No serás capaz de hacerlo todo bien todas las veces. Quizá empiezas con valentía, pensando que estás obedeciendo a Dios, y entonces pierdes la línea de pensamiento, haces una suposición incorrecta o quedas avergonzado. Solo recuerda: a Dios le encanta cada vez que sales y practicas. ¡Y la práctica tiene su recompensa! Los siguientes capítulos de este libro te ayudarán a practicar el uso de tus sentidos para discernir.

Incluso en su madurez, personas que son gigantes espirituales y que se mueven en un alto nivel de unción para sanidad cometen errores. Lo hacen mal, y está BIEN porque eso los mantiene humildes. Si son "reales", nunca se darán por vencidos. Seguirán practicando, y seguirán cooperando con el Espíritu Santo, activando sus sentidos y buscando la siguiente posibilidad. A menudo he reflexionado en lo que el escritor del libro de Hebreos quiso decir cuando escribió: *"pero el alimento sólido es para los que han alcanzado madurez"*. Yo quiero ser maduro, ¿y tú? Claro está, una parte de la madurez viene de eso que llamamos práctica.

El discernimiento conlleva tanto discernir lo bueno como discernir lo malo, pero muchas personas ven que comienzan mucho mejor discerniendo una cosa que la otra. Algunas personas pueden ver los "diamantes" (como me pasó a mí), mientras que otros ven los demonios. La madurez conlleva crecer en ambas cosas: *"madurez, para los que por el uso tienen los sentidos ejercitados en el discernimiento del* [ambas cosas] *bien y del mal"*.

La palabra traducida como *"discernir"* en Hebreos 5:14 es *diakrisis* (Strong's #1253), que indica "distinguir, decidir, dictaminar sentencia". La misma palabra se usa en 1 Corintios 12:10 para referirse al don de distinguir (o discernir) espíritus. *Diakrisis* tiene que ver con la palabra *diakrino* (Strong's #1252), que puede indicar "separar, distinguir, discernir una cosa de otra", o "dudar, titubear, vacilar". El acto del discernimiento, en otras palabras, incorpora algo de dar y recibir, prueba y error, presentar un caso y defenderlo. Solamente mediante nuestras sesiones de práctica podemos llegar a una mayor madurez y finalmente vencer incluso nuestras debilidades personales. Cada uno las tiene, y serán expuestas ante la beneficiosa luz de Dios solo si persistimos en lanzarnos a discernir.

Con la ayuda de Dios, podemos vencer nuestros temores a practicar el discernimiento. No puedes tan solo declarar: "Lo siento, yo no quiero ir ahí", hablando del lugar donde el Espíritu te está llevando. No le pongas nunca límites a lo que Dios quiere hacer a través de ti porque estás preocupado por hacer el ridículo o ser engatusado por algo "raro" que no venga de Él. Puedes aprender a discernir las fuerzas motivadoras ocultas, y puedes pedirle a Dios tanto sabiduría como protección.

Durante este proceso no sigas a la multitud esperando que el discernimiento sea una serie de emociones. Nosotros, los cristianos, con mucha frecuencia hemos sido persuadidos a esperar que todo sea un logro emocionante: "Ojos ciegos, vean, ¡ahora!". Sin duda, los logros espirituales son reales y valiosos, pero se necesita discernimiento para saber cuándo Dios quiere realizar un logro inmediato, sin mencionar cómo quiere Él que lo logremos. A veces, insistir en tener un logro en algún área de nuestra vida solo revela la presencia de nuestra impaciencia humana (puede incluso llevar al egoísmo, como en el caso de participar en una trama financiera sospechosa para conseguir una ganancia monetaria por la vía rápida). Podemos ser demasiado ingenuos, y a menudo querer que todo sea muy fácil.

PRESÉNTATE *A TI MISMO* A DIOS

Todos tenemos un espíritu, un alma y un cuerpo. Como seres humanos tripartitos, no podemos separar estos elementos uno del otro. Al haber sido creados a imagen y semejanza del Dios trino, nuestros tres aspectos del ser están tan integrados que no podemos dividirlos. A veces hablamos de ellos como si no se solaparan y mezclaran, pero tal compartimentación es útil solo cuando nos ayuda a comprender las distintas capacidades que poseemos como humanos.

Además, como nuestros sentidos no se pueden separar de nuestro espíritu, alma y cuerpo, debemos rendir a Dios no solo nuestros sentidos, sino realmente todo nuestro ser. Pablo escribió a la iglesia en Roma acerca de esto:

> *Así que, hermanos, os ruego por las misericordias de Dios, que presentéis vuestros cuerpos en sacrificio vivo, santo, agradable a Dios, que es vuestro culto racional. No os conforméis a este siglo, sino transformaos por medio de la renovación de vuestro entendimiento, para que comprobéis cuál sea la buena voluntad de Dios, agradable y perfecta.*
> (Romanos 12:1-2 RVR1960)

Pablo también advirtió a los creyentes acerca de presentarse a sí mismos a cualquier otra cosa *que no fuera* Dios:

> *Ni tampoco presentéis vuestros miembros al pecado como instrumentos de iniquidad, sino presentaos vosotros mismos a Dios como vivos de entre los muertos, y vuestros miembros a Dios como instrumentos de justicia…Hablo como humano, por vuestra humana debilidad; que así como para iniquidad*

presentasteis vuestros miembros para servir a la inmundicia y a la iniquidad, así ahora para santificación presentad vuestros miembros para servir a la justicia.
(Romanos 6:13, 19 RVR1960)

Al presentar tu cuerpo físico al Señor, también rindes tus sentidos, tus facultades cognitivas (tu mente) y tus intuiciones espirituales. Todo viene de Él en primer lugar, así que ¿por qué íbamos alguna vez a reclamar nada de esto como si fuera algo que nos pertenece en lo personal? ¿Por qué íbamos a reservar algo como no disponible para Dios? ¿Y por qué seguimos presentando los miembros de nuestro cuerpo al pecado?

Todo lo que no hayamos presentado a Dios permanece sujeto a algo que no es Dios. "Esclavizado" no es un término demasiado fuerte como para no usarlo. Si has permitido que tus sentidos se vuelvan adictos a algo, estimulación sexual impura, música, alcohol, drogas o cualquier otra sustancia, o incluso actividades religiosas, no están disponibles para el Espíritu de Dios. Por consiguiente, tu discernimiento está obstaculizado o apagado.

TODO LO QUE NO HAYAMOS PRESENTADO A DIOS PERMANECE SUJETO A ALGO QUE NO ES DIOS.

Mientras sigas aún con vida, nunca es demasiado tarde para cambiar. Puedes rendir los miembros esclavizados de tu cuerpo a Dios. La forma en que Pablo lo dijo fue así: *"ni tampoco presentéis vuestros miembros al pecado como instrumentos de iniquidad"* y *"que así como para iniquidad presentasteis vuestros miembros para servir a la inmundicia y a la iniquidad, así ahora para santificación presentad vuestros miembros para servir a la justicia".* Puede que sea necesario que busques ayuda para vencer tu adicción, pero tu situación nunca será un caso perdido; puedes experimentar la vida más plena de Dios inundando tus sentidos.

Puedes declarar libertad a tu propio cuerpo, alma y espíritu. Puedes hablar a tu vista, oído, tacto, gusto y olfato, diciendo: "Sentidos, ábranse en el nombre de Jesús. Declaro que ya no son esclavos de los patrones del pasado; en lugar de eso, los presento ante el único Dios verdadero y santo para reclamación y purificación".

Tu sentido físico del oído mejorará con un sentido espiritual del oído, y comenzarás a oír cosas desde una dimensión divina que nunca antes habías oído. Tu sentido de la vista será enriquecido con una vista espiritual mediante la cual, con la dirección de Dios, podrás ver más allá de los límites de la visión humana. Dependiendo de tu mezcla única de capacidades dadas por Dios, tus otros sentidos despertarán y notarán los mensajes que no podían percibir antes. Se abrirá ante ti un mundo totalmente nuevo.

Presentar todo tu yo para ser esclavo de la pureza significa liberarte de los obstáculos del pasado. En vez de incredulidad y un corazón apagado, entrarás en el color vivo de la fe vibrante. Tus sentidos elevados son activados. Es como poner las llaves en el encendido de tu discernimiento. Y *"conocerán la verdad, y la verdad los hará libres"* (Juan 8:32 RVC).

Nunca es un trato de una sola vez. Te rendirás voluntariamente cada vez más. Quizá pienses que ya has rendido todo tu ser al Espíritu de Dios, pero hay capa tras capa tras capa de libertad y activación. Servimos a un Dios infinito, ¡ya lo sabes! Esto es lo que significa ser templo del Espíritu Santo (ver 1 Corintios 3:16; 6:19).

DIOS SE MANIFIESTA A TRAVÉS DE NOSOTROS

La Deidad se expresa de tal variedad de formas que los seres humanos no pueden catalogarlas todas. Y Él se manifiesta a sí mismo mediante cada una de las personas que Él ha creado para su gloria; nadie se queda fuera:

Ahora bien, hay diversidad de dones, pero el Espíritu es el mismo. Y hay diversidad de ministerios, pero el Señor es el mismo. Y hay diversidad de operaciones, pero Dios, que hace todas las cosas en todos, es el mismo. Pero a cada uno le es dada la manifestación del Espíritu para provecho.

(1 Corintios 12:4-7 RVR1960)

Observa lo que dice: *"pero Dios, que hace todas las cosas en todos"*. No dice: *"...en la élite"*. La mayoría nos comparamos con otros y sentimos que nos quedamos cortos en el departamento de los dones. Escuchamos a los maestros bíblicos con plataformas nacionales o internacionales y nos preguntamos cómo nuestro pequeño caminar de fe podrá medirse algún día con el de ellos. En realidad, la tarea de ellos, que es equipar a otros (¡como tú!) para que operen en sus dones espirituales, no indica algún tipo de posición especialmente favorecida en la Iglesia. El cuerpo de Cristo está compuesto por todo tipo de miembros, algunos que se ven más y otros que se ven menos. Muy lejos de ser un individuo privilegiado y superior, un orador conferencista puede ser más como un dedo índice en el cuerpo de Cristo, señalando nuestras verdades y dando significado a los dones que tienen sus oyentes. Cada persona tiene una parte que desempeñar cuando el Espíritu Santo trae el reino al mundo:

Porque a éste es dada por el Espíritu palabra de sabiduría; a otro, palabra de ciencia según el mismo Espíritu; a otro, fe por el mismo Espíritu; y a otro, dones de sanidades por el mismo Espíritu. A otro, el hacer milagros; a otro, profecía; a otro, discernimiento de espíritus; a otro, diversos géneros de lenguas; y a otro, interpretación de lenguas. Pero todas estas cosas las hace uno y el mismo Espíritu, repartiendo a cada uno en particular" como él quiere.

(1 Corintios 12:8-11 RVR1960)

En este pasaje se citan nueve dones espirituales. Puedes repasar cada uno de ellos en detalle en otras obras, incluyendo mi libro *Cómo liberar los dones espirituales hoy*[3] y sus materiales de estudio correspondientes. En *El discernidor* analizaremos de forma completa el don que la lista de arriba llama *"discernimiento de espíritus"*, y argumentaré la idea de que el ejercicio responsable de cualquiera de los dones espirituales requiere un grado cada vez mayor de discernimiento y sensibilidad al Espíritu Santo.

DIOS NOS DA MOMENTOS DETERMINANTES

A medida que cada uno de nosotros sigue al Señor, se encontrará con momentos determinantes, después de los cuales nada es igual que antes. Estos momentos estratégicos a menudo nos señalan en la dirección del cuadro general de Dios para nuestro futuro, nos ayudan a afilar nuestro discernimiento, y a liberar la valentía espiritual para el viaje de la vida. Los momentos determinantes serán distintos según cada persona. Pueden ocurrir temprano o tarde en la vida. Algunos llegarán en tiempos de crisis, otros en tiempos de tranquilidad.

En los primeros años de mi matrimonio tuve un encuentro personal con Jesús que cambió mi vida. Me refiero a él como mi "unción dorada". Esto es lo que ocurrió.

Decidí tomarme cinco días para buscar al Señor en una pequeña capilla vacía en el campus de la Universidad Estatal de Central Missouri en Warrensburdg, Missouri. Las filas de la capilla estaban equipadas con bancos extraíbles para arrodillarse, y me arrodillé en uno de ellos.

Mientras oraba, no oí nada, pero *sentí* que Alguien entró en la capilla. Sentí viento, aunque ni las ventanas ni la puerta estaban abiertas. Era el Espíritu de Jesús. Habló calladamente a mi espíritu durante un tiempo, dándome perspectivas y detalles sobre un

---

3. James W. Goll, *Releasing Spiritual Gifts Today* (Cómo liberar los dones espirituales hoy) (New Kensington, PA: Whitaker House, 2016).

tiempo de transición que venía y diciéndome que entregara mi función de ministerio pastoral a otra persona. Incluso me dijo quién era esa otra persona. Yo asentí. Parecía que yo tenía que estar dispuesto a liberar mis actuales responsabilidades para que pudiera entrar en las nuevas.

Después oí una voz audible: "Levántate". Después esta orden: "Ponte de pie".

Era una locura. No había nadie en la capilla aparte de mí. Me puse de pie como un pequeño soldado de plomo helado. El temor del Señor casi me estaba paralizando.

Después dijo: "Ponte de pie en el pasillo".

Yo hice esta pregunta: "Bien, ¿por qué?", pero obedecí. Me puse de pie en el centro del pasillo de la capilla, entre las dos filas de bancos.

"Un paso al frente".

Di un pequeño paso hacia delante. Al instante, toda la sala se iluminó con lo que algunas personas llaman la gloria de Dios. Sé que no fue la luz del sol del exterior. De nuevo, la voz dijo: "Un paso al frente", y di otro pequeño pasito. Maravilla de maravillas, pude ver a Jesús mismo puesto en pie delante de mí. Ahora llamo lo que estaba experimentando una visión abierta. Con su llamado a acercarme vino una invitación a una consagración más elevada mientras daba pasitos de bebé hacia delante hasta que estuve cara a cara con Él.

Entonces volvió a decir las mismas palabras: "Un paso al frente". En humildad y en el temor del Señor, con fe y obediencia di un paso más al frente. Esta vez, la manifestación abierta de la visión desapareció porque al dar ese paso, entré en Él, y Él entró en mí.

Lo siguiente que supe es que estaba de rodillas en consagración y adoración. Al levantar la vista, vi imágenes de dos personas que después serían muy importantes en mi equipamiento y entrenamiento personal: el evangelista de sanidad y apóstol Mahesh Chavda y el profeta vidente Bob Jones.

En ese momento, sentí una sola gota de aceite dorado de unción cayendo sobre mi cabeza. Después una más. Volví a mirar hacia arriba y vi un jarro sobre mi cabeza, pero no salía nada de él. El Espíritu Santo me habló y me dijo: "Hoy te doy dos gotas de mi unción dorada. Una es para ti, y una es para que se la des a tu esposa". Me prometió que si era fiel con esa gota, un día recibiría más de esa unción dorada.

Realmente no sabía de lo que Él estaba hablando, pero acepté tanto la unción de dos gotas como las palabras.

A su debido tiempo, volví a casa. No le dije a mi esposa lo que me había ocurrido hasta el día siguiente. Tras contarle la experiencia, tomé un bote de aceite de cocinar y le ungí con una gota.

Hasta la fecha, nunca he vuelto a tener una experiencia como aquella. Por lo que a mí respecta, aún sigo operando con esa única gota de la unción dorada. Por lo tanto, estoy seguro de una cosa: la promesa sigue siendo válida. Si soy fiel en lo poco que Él me ha dado (¡y que ha resultado ser una unción beneficiosa!), Él algún día derramará una unción dorada abundante sobre mi cabeza. La fidelidad siempre produce aumento. ¡Esa es la promesa de Jesús!

> PASAR DE UNA ESFERA A LA SIGUIENTE SIEMPRE CONLLEVA MÁS RENDICIÓN AL ESPÍRITU SANTO.

Te cuento esta historia porque quiero mostrarte que todas las cosas son posibles para los que pertenecemos a Dios. He visto a Jesús en otras ocasiones, pero esa primera vez y todas las veces desde entonces, fue todo lo que pude recibir. Pasar de una esfera a la siguiente siempre conlleva más rendición al Espíritu Santo. Pero hay siempre esferas más altas de gloria, esferas más altas de fe, y esferas más altas de dones que alcanzar. Ábrete al "más" que Dios tiene para ti y entra en el color vivo del discernimiento espiritual.

ALCANZAR UNA ESFERA MÁS ALTA

¿Qué destaca para ti en este capítulo? Es probable que Dios quiera hablarte personalmente sobre esto.

¿Qué paso o qué pasos de acción puedes dar como resultado de algo que hayas leído aquí? Recuerda que la información sin aplicación (acción) conduce a la frustración, pero la inspiración más la aplicación conduce a la transformación.

Tu primer paso de acción puede que sea tan básico como hacer una oración de rendición. Dios no necesita saber leer los labios, porque Él lee tu corazón, pero le encanta oír tu voz hablándole. Te animo a alcanzar ese lugar más profundo en tu corazón y a decirle: "Sí, Señor, rindo todo mi ser a ti, incluyendo mis sentidos. Anhelo conocerte mejor".

Estás creciendo incluso ahora mientras rindes tus sentidos, no es "si" o "quizá". Aunque estés de algún modo abrumado por el Espíritu Santo hasta el punto de no poder expresarte, o incluso si tienes miedo de lo que te pudiera pasar cuando aumente tu discernimiento, confía en su guía y protección. Aunque hayas tenido un encuentro cercano con el enemigo que no te gustaría repetir, por favor no le cierres la puerta al Espíritu Santo. No le digas al Señor: "Eso no es para mí, gracias. No quiero ser demasiado bueno en cuanto al discernimiento si eso significa otro encuentro con Satanás". Sé valiente y confía en el Señor. Él no te dejará solo.

Está bien si tu oración de rendición no es muy elocuente; Dios puede leer el deseo de tu corazón. Me acuerdo del antiguo himno "Lo rindo todo". Las palabras son estas:

Todo a Cristo yo me rindo,
Con el fin de serle fiel;
Para siempre quiero amarle,
Y agradarle solo a Él.
   Yo me rindo a Él,
   Yo me rindo a Él,
   Todo a Cristo yo le entrego,
   Quiero serle fiel.

Todo a Cristo yo me rindo,
Siento el fuego de su amor,
¡Oh, qué gozo hay en mi alma!
Gloria, gloria a mi Señor.[4]

Te invito a unirte a mí en una nueva rendición al Espíritu Santo mientras esperamos que nuestros sentidos se activen y afilen para Jesús.

ORACIÓN DE UN CORAZÓN DISCERNIDOR

Aquí estoy, Señor. Todo lo que soy y todo lo que espero ser, lo rindo a ti. Te presento mi cuerpo, alma y espíritu, con todos sus sentidos naturales y sobrenaturales. Que sean útiles para ti como instrumentos para llevar a cabo tu voluntad en la tierra. Por Jesucristo y en su nombre, amén.

---

4. Judson W. Van DeVenter, "All to Jesus I Surrender" ("I Surrender All"), 1896.

2

VER:
"LOS OJOS DE TU CORAZÓN"

*"Pido también que les sean iluminados los ojos del corazón
para que sepan a qué esperanza él los ha llamado,
cuál es la riqueza de su gloriosa herencia entre los santos,
y cuán incomparable es la grandeza de
su poder a favor de los que creemos".*
— Efesios 1:18-19

Cuando el apóstol Pablo hizo la oración de arriba por los creyentes en la ciudad de Éfeso, acababa de declarar: *"Habiendo oído de vuestra fe en el Señor Jesús, y de vuestro amor para con todos los santos..."* (Efesios 1:15 RVR1960). Incluso con su notable fe y su amor, Pablo sabía que solo habían comenzado a escarbar en la superficie de todas las riquezas inagotables que Dios tenía enterradas para ellos. Él quería que *"los ojos del corazón* [de ellos]" o su sentido espiritual de la vista, se abriera aún más para ver las cosas celestiales.

Hace cuarenta años comencé a orar Efesios 1:17-19 cada día, y lo hice durante diez años seguidos, pensando que si una iglesia apostólica tan encomiable como la de los efesios, cuyos miembros seguían a Cristo en una ciudad llena de idolatría, necesitaban esta oración, yo la necesitaría mucho más. Hoy, incluso teniendo toda la Biblia a nuestro fácil alcance, junto a muchas oportunidades de tener una fuerte comunión y buenas enseñanzas, estamos tan limitados en nuestras debilidades humanas como lo estaban los efesios, y el mundo a nuestro alrededor está tan lleno de desaliento y trauma como siempre. Sigo orando este pasaje de Efesios a menudo. ¿Por qué? En nuestra época, creo que necesito el impacto de esta oración incluso más que lo necesitaba hace cuatro décadas. Todos necesitamos hacer regularmente esta oración por nosotros mismos, por nuestras familias y amigos, por nuestros líderes y por nuestras personas de influencia.

VER CON LOS OJOS DE NUESTRO CORAZÓN

El término de Pablo *"los ojos del corazón"* se ha vuelto familiar para muchos de nosotros, así que a menudo nos lo saltamos cuando leemos este pasaje sin considerar lo que significa. Pero hagamos un alto y pensemos en ello un instante. ¿Acaso tu corazón tiene ojos?

Otras traducciones vierten luz sobre el significado de esta expresión. Por ejemplo, en la versión Reina Valera 1960 dice *"los ojos de vuestro entendimiento"*. Obviamente, *"corazón"* no se refiere al músculo en tu pecho que bombea la sangre para que circule por todo tu cuerpo. Significa tu yo interior, tu espíritu.

Y cuando Pablo se refiere a los *"ojos"* del corazón, está hablando de los ojos de tu espíritu. Con los ojos de tu espíritu puedes ver y comprender las cosas más profundas del reino; es decir, la esperanza del llamado de Jesús en cada uno de nosotros como parte de su Iglesia, las gloriosas riquezas que nos pertenecen como coherederos con Cristo, y las continuas muestras del gran poder de Dios en nuestras vidas. Todo esto es demasiado para comprenderlo, y a la vez Pablo ora para que los efesios, y por extensión también nosotros, podamos ser capaces de entenderlo.

En el capítulo uno de este libro tocamos la idea de que no estamos hechos para permanecer atados a la tierra como podríamos pensar, porque incluso al vivir mi vida diaria aquí en Franklin, Tennessee, y tú al vivir la tuya en Baltimore, Maryland; Londres, Inglaterra; Ciudad del Cabo, Sudáfrica; o cualquier otro lugar, estamos sentados con Cristo a la diestra del Padre en el cielo (ver Efesios 1:20; 2:6). Al adorarlo a Él ascendemos hasta Él en los lugares celestiales, y sin embargo seguimos aquí físicamente en la tierra. Cada uno de nosotros está compuesto por cuerpo, alma y espíritu, y Dios quiere mejorar e integrar todos nuestros sentidos en cada nivel para que Él pueda habitar con más plenitud en nosotros y nosotros en Él.

De nuevo, mientras aprendemos a reinar y gobernar con Cristo en los lugares celestiales, estamos presentándole todo lo que podemos presentar, y eso incluye cada nivel de nuestra capacidad de ver, junto con todos los demás sentidos. Decimos: "Aquí estoy, Señor. ¡Tómame! Alumbra los ojos de mi corazón. Abre mis ojos a la magnificencia de tu reino".

> CON LOS OJOS DE TU ESPÍRITU,
> PUEDES VER Y COMPRENDER LAS
> COSAS MÁS PROFUNDAS DEL REINO.

¿CÓMO VES?

¿Cuál es el estado de tu vista espiritual? Así como nuestros ojos naturales pueden sufrir varios obstáculos para una visión perfecta, lo mismo les puede pasar a los ojos de nuestro espíritu. En la esfera de la vista física, las personas pueden ser miopes, hipermétropes o parcial o completamente ciegas. Pueden experimentar ciertas distorsiones en su visión. Pueden ver puntos no deseados o "motas", o tener una molesta película sobre sus ojos, afectando su visión. Pueden tener problemas para ver los colores o distinguir entre tonalidades, o pueden tener una mala visión nocturna. No todos tenemos estos problemas a la vez; sin embargo, muchos estamos acostumbrados a tener una visión que es más débil en algunos aspectos que en otros.

¿Quiere el Espíritu Santo dejar los ojos de nuestro corazón con una visión afectada de forma similar? Aparentemente no. Dios quiere que veamos claramente las realidades espirituales.

Mientras más ofreces oraciones como la anterior de Efesios, y te asocias con otros creyentes que también lo hacen, más claramente podrás ver las esferas celestiales. En lo concerniente a aprender sobre la vista espiritual, quiero que aprecies el hecho de que hay muchos recursos disponibles para ayudarnos: libros de otros autores que han desarrollado su vista espiritual;[5] libros como este y muchos otros que yo he escrito, como *El vidente* y *Dream Language* (El lenguaje de los sueños); sermones, y seminarios, toda forma de instrucción bíblica, así como relacionarte de primera mano con otros que se han entregado a una búsqueda similar. Podrías llamarlo "cultura espiritual", esta asociación con un grupo de personas que pertenecen a Jesús y que desean fortalecer la claridad de los ojos de su corazón.

DESCUBRIMIENTO ESPIRITUAL

A comienzos de la década de los setenta, cuando estaba comenzando a aprender y a crecer en esto de oír a Dios, los libros y otros materiales de enseñanza sobre el tema eran muy escasos. Iba primero a la Palabra de Dios, en particular a las epístolas apostólicas del Nuevo Testamento. Como el libro de Efesios me llamó la atención, concentré mucho mi atención en él, y fue entonces cuando observé por primera vez la oración de Pablo en el capítulo uno.

---

5. Ver la sección de "Lecturas recomendadas" al final de este libro.

Al construir sobre lo que aprendí de la Biblia y de amigos, comencé a ejercitar mi "sentido de vidente", consultando al Espíritu Santo en cada paso del camino. Ahora casi doy por hecho que Dios me muestra cosas, pero entonces todo esto era algo nuevo. Y los ojos de mi espíritu nunca (bueno, todavía) han sido tan sensibles a los movimientos del Espíritu Santo como los del difunto John Wimber. En entornos congregacionales, él anunciaba cosas como estas: "Veo al Espíritu Santo viniendo ahora mismo como el mar que inunda la tierra. Una luz está comenzando por ahí, y se está moviendo por la gente en esta dirección". Y así era, las personas comenzaban a responder a la poderosa gloria de Dios en una ola, algo que no podrían haber hecho por sí mismos de forma tan coordinada aunque lo hubieran ensayado una y otra vez con anterioridad.

ES POSIBLE QUE LO QUE ERA EL "TECHO" DIFÍCIL DE ALCANZAR PARA LA GENERACIÓN PREVIA SE CONVIERTA EN EL "SUELO" O PUNTO DE PARTIDA PARA LA ACTUAL GENERACIÓN.

Descubrí que aunque no hay atajos en el discipulado y el crecimiento en madurez, es posible que lo que era el "techo" difícil de alcanzar para la generación previa se convierta en el "suelo" o punto de partida para la actual generación. Yo pude ver que Pablo entendió esta realidad; él quería que todo el pueblo de Jesús, desde Éfeso hasta los confines de la tierra, se embarcase en un viaje de continua expansión de descubrimiento espiritual. Por lo tanto, descubrí mentores como Mike Bickle y Bob Jones en lugares como Kansas City, que no estaba muy lejos de donde mi esposa y yo vivíamos. Veía cómo operaban ellos en sus dones de vidente, y observé las muchas formas distintas en las que los ojos de su espíritu podían ver.

Pero ellos también me presentaron ideas como el lenguaje de los sueños,[6] declarar la verdad con osadía, y mucho más. Terminé pasando horas y horas con Bob, orando por personas. Eso me dio mucha experiencia de primera mano al observar a un vidente en acción. Son muchas las cosas que es mejor "captar" que aprender mediante enseñanza. Recibí mucha instrucción en los caminos del Espíritu por asociación, observación e impartición. Gracias a mentores como Bob, y por supuesto a la obra continua del Espíritu Santo, la capacidad de visión de los ojos de mi corazón nunca ha dejado de ampliarse. Te recomiendo que tú también hagas frecuentemente esa oración de Efesios, ¡porque sigue funcionando en mi vida! "¡Más, Señor!".

PROFETAS Y VIDENTES EN LA BIBLIA

Tanto en el Antiguo como en el Nuevo Testamento podemos encontrar ejemplos de dones y oficios espirituales en acción, incluyendo los designados como *profeta* y *vidente*. La mayoría de la gente no ve una clara distinción entre los roles de quienes llevaban esos títulos, pues sin duda, los modos de operación de estos dones se solapan mucho. Sin embargo, por lo que he observado de primera mano sobre los que ejercen dones proféticos, creo que es aplicable la siguiente distinción: aunque todos los verdaderos videntes son profetas, no todos los profetas son videntes. Amplío esta idea abajo con más profundidad. Al seguir con esta discusión, por favor recuerda que no tienes que ser reconocido como profeta o vidente para oír a Dios; solo tienes que ser un seguidor del Señor Jesucristo.

En el Antiguo Testamento, la palabra hebrea traducida más a menudo como "profeta" es *nabiy'*, que por lo general se refiere

---

6. La esfera de los sueños y las visiones como una avenida para recibir revelación divina.

a un oidor y orador inspirado. Podríamos distinguir *nabiy'* de las dos palabras hebreas traducidas como "vidente", *ra'ah* y *chozeh*, que indican alguien cuya inspiración es principalmente visual. Los videntes reciben información de Dios, pero no necesariamente la comunican como lo hacen los profetas. Los diferentes términos también reflejan las dimensiones del don profético que se está enfatizando. Como escribí en *El vidente*:

> "Dentro de la esfera global del profeta reside la esfera particular y distintiva del *vidente*...La palabra *vidente* describe un tipo en particular de profeta que recibe un tipo de revelación o impartición profética particular...
>
> "...El profeta es la dimensión *comunicativa*, y el vidente es la dimensión *receptiva*. Mientras que *nabiy'* enfatiza la obra activa del profeta a la hora de declarar un mensaje de Dios, *ra'ah* y *chozeh* se enfocan en la experiencia o medios por los cuales el profeta 've o percibe' ese mensaje. El primero pone el énfasis en la relación de un profeta con la gente; el segundo pone el énfasis en la relación reveladora del profeta con Dios."[7]

Veamos ahora algunos versículos del Antiguo Testamento en los que aparecen *nabiy'*, *ra'ah* y *chozeh*. Primero, piensa en estos cuatro versículos de "profeta":

> *Por eso levantaré entre sus hermanos un profeta como tú; pondré mis palabras en su boca, y él les dirá todo lo que yo le mande.* (Deuteronomio 18:18)

> *El Señor le dijo a Moisés: «Mira, ante el faraón, tú serás como si fuera yo mismo, y tu hermano Aarón será tu profeta.* (Éxodo 7:1 RVC)

---

7. James Goll, *The Seer* (El Vidente), edición ampliada (Shippensburg, PA: Destiny Image, 2012), pp. 28-29. El énfasis está en el original.

Tú [Moisés] hablarás con él [Aarón] y le pondrás las palabras en la boca; yo los ayudaré a hablar, a ti y a él, y les enseñaré lo que tienen que hacer. Él hablará por ti al pueblo, como si tú mismo le hablaras, y tú le hablarás a él por mí, como si le hablara yo mismo. (Éxodo 4:15-16)

«Antes de que yo te formara en el vientre, te conocí. Antes de que nacieras, te santifiqué y te presenté ante las naciones como mi profeta.»...Y el Señor extendió su mano, me tocó la boca y me dijo: «Yo, el Señor, he puesto mis palabras en tu boca. (Jeremías 1:5,9 RVC)

Ahora, veamos estos cuatro versículos de "vidente":

(Antiguamente, cuando alguien en Israel iba a consultar a Dios, solía decir: «Vamos a ver al vidente [ra'ah]», porque así se le llamaba entonces al que ahora se le llama profeta). (1 Samuel 9:9)

El rey Ezequías y los jefes les ordenaron a los levitas que cantaran al Señor las alabanzas que David y Asaf el vidente [chozeh] habían compuesto. Los levitas lo hicieron con alegría, y se postraron en adoración. (2 Crónicas 29:30)

Por la mañana, antes de que David se levantara, la palabra del Señor vino al profeta Gad, vidente [chozeh] de David. (2 Samuel 24:11)

Por eso días el vidente [ra'ah] Janani llegó a ver al rey Asa de Judá, y le dijo:«Tú, lejos de apoyarte en el Señor tu Dios, has buscado el apoyo del rey de Siria. Por eso el ejército del rey de Siria se te ha escapado de las manos...Los ojos del Señor están contemplando toda la tierra, para mostrar su poder a favor de los que mantienen hacia él un corazón perfecto. Pero en este caso tú has actuado como un necio. Por eso, de ahora en adelante te verás envuelto en más guerras.» Asa se enojó contra el vidente [ra'ah], y tan grande fue su enojo que lo echó en la cárcel. (2 Crónicas 16:7, 9-10 RVC)

El pasaje de Éxodo 7 me interesa en particular porque Moisés, que tenía un problema de tartamudez y que era reticente a hablar en público (ver Éxodo 4:10), era un vidente, mientras que su hermano Aarón servía como su vocero profético. Esto ilustra el hecho de que mucho de lo que el vidente hace es en segundo plano en contextos relacionales, en vez de en ministerio público. Los videntes a menudo ayudan a dar visión a alguien que tiene una plataforma.

Otro pasaje fascinante lo podemos encontrar en el libro de Habacuc:

Sobre mi guarda estaré, y sobre la fortaleza afirmaré el pie, y velaré para ver lo que se me dirá, y qué he de responder tocante a mi queja. Y Jehová me respondió, y dijo: Escribe la visión, y declárala en tablas, para que corra el que leyere en ella. Aunque la visión tardará aún por un tiempo, mas se apresura hacia el fin, y no mentirá; aunque tardare, espéralo, porque sin duda vendrá, no tardará.

(Habacuc 2:1-3 RVR1960)

¿Cómo Habacuc "velará para ver lo que el Señor le dirá"? No significa que él leerá los labios para ver lo que el Señor dice. Pero ¿de qué otra forma puedes "ver" un discurso? Un discurso pretende ser oído, ¿no es así? a menos que el orador esté usando lenguaje de señales. Y esa es exactamente la clave: tienes que *ver* las *señales* de Dios para saber lo que Él está diciendo, porque Dios habla mediante señales y maravillas, así como mediante palabras.

Y ves en el silencio, estando atento. La quietud es la incubadora de la revelación. (ver, por ejemplo, Isaías 30:15). Uno se aquieta interiormente esperando en el Señor. Esto enfoca los ojos de tu corazón en Dios, eleva tu nivel de expectativa, y te hace estar más abierto a recibir algo de Él. Aunque seas extrovertido, tienes que prestar atención al llamado del Espíritu de *"vengan conmigo ustedes solos, a un lugar apartado"* (Marcos 6:31 RVC) y a buscar una tranquila receptividad. Apaga tu computadora y tu televisor. Deja a un lado tu teléfono. Dedícale a Dios tu tiempo de "ver", sin distracciones.

LA QUIETUD ES LA INCUBADORA DE LA REVELACIÓN.

Prepárate también para escribir lo que veas, como nos modeló Habacuc. Él tuvo que escribir sus palabras proféticas en tablas de barro, mientras que tú usarás pluma y papel o aparatos digitales. Si no estableces el hábito de escribir los pequeños destellos de lo que Dios está diciendo, se te olvidarán, y puede que algunas palabras valiosas de Dios se pierdan para siempre. En palabras de Habacuc:*"Escribe la visión, y declárala en tablas, para que corra el que leyere en ella. Aunque la visión tardará aún por un tiempo"* (Habacuc 2:2-3 RVR1960). Cada uno de nosotros percibirá más en el Espíritu de lo que se pueda cumplir en el transcurso de su vida, y otra persona tendrá que relevarnos y recoger el batón.

Escribir (o grabar en audio) tus propias visiones e impresiones también te permite evaluar la validez de lo que has visto, comparándolo con las Escrituras y tu conocimiento del carácter de Dios. ¡No todo lo que capta tu atención viene de Él!

No quiero decir con eso que todo lo que escribas tengas que compartirlo con otros. Pídele al Señor que te muestre cómo y cuándo debes compartir tus visiones. Solo porque veas algo no te obliga a hablar de ello.

IMPARTICIÓN DEL DON DE VIDENTE

El profeta Eliseo era un vidente, y capacitó a otros para ser también videntes. Nosotros podríamos hacer lo mismo por otras personas. Quizá recuerdes esta historia:

> Por la mañana, cuando el criado del hombre de Dios se levantó para salir, vio que un ejército con caballos y carros de combate rodeaba la ciudad. — ¡Ay, mi señor! —Exclamó el criado—. ¿Qué vamos a hacer? —No tengas miedo —respondió Eliseo—. Los que están con nosotros son más que ellos. Entonces Eliseo oró: «Señor, ábrele a Guiezi los ojos para que vea». El Señor así lo hizo, y el criado vio que la colina estaba llena de caballos y de carros de fuego alrededor de Eliseo.
>
> (2 Reyes 6:15-17)

Con los ojos de su corazón, Eliseo pudo ver los ejércitos del cielo, pero eran completamente invisibles para los ojos de su asustado siervo. Así que Eliseo oró para que Dios abriera los ojos de su siervo para ver la realidad espiritual, y Él lo hizo.

En su libro *Desarrolla tus cinco sentidos espirituales*, mi amiga Patricia King dice lo siguiente con respecto a este intercambio entre Eliseo y el siervo: "El siervo de Eliseo no podía ver esta realidad. Tenía temor y desesperación. Eliseo oró a Dios para que abriera los ojos de su siervo a fin de ver la esfera de lo invisible. Como resultado, este siervo recibió la visión espiritual que le permitió ver los ejércitos de Dios que estaban ahí para defenderlos".[8]

Por lo tanto, alguien que ve puede orar por alguien que no ve, y cuando los ojos de esa persona se abren, la maravilla de la señal de Dios será multiplicada. Este es un acto de impartición, puro y sencillo. Tal oración no es complicada. Refleja una relación íntima con el Espíritu Santo y una dependencia sincera de Él.

---

8. Patricia King, *Desarrolla tus cinco sentidos espirituales* (Maricopa, AZ: XP Publishing, 2014), p. 47

Cada vez que ayudamos a alguien a ver el ámbito de lo desconocido de Dios, mejoramos la cultura de la fe. La fe reemplaza al temor cuando vemos los ejércitos del cielo, y más. Mayor es el que está en nosotros (el Espíritu) que el está en el mundo (Satanás) (ver 1 Juan 4:4); y Dios está siempre dispuesto a ampliar nuestros sentidos naturales mediante la unción de su Espíritu para que podamos actuar con la máxima fe.

VISTA Y DISCERNIMIENTO ESPIRITUAL

DISCERNIR ESPÍRITUS HUMANOS

Jesús, que ejemplifica todas las habilidades espirituales, era un vidente. Él vio a su futuro discípulo Natanael espiritualmente antes de verlo con sus ojos físicos:

> Cuando Jesús vio que Natanael se le acercaba, comentó: —Aquí tienen a un verdadero israelita, en quien no hay falsedad. — ¿De dónde me conoces? —le preguntó Natanael. —Antes de que Felipe te llamara, cuando aún estabas bajo la higuera, ya te había visto. —Rabí, ¡tú eres el Hijo de Dios! ¡Tú eres el Rey de Israel! —declaró Natanael. — ¿Lo crees porque te dije que te vi cuando estabas debajo de la higuera? ¡Vas a ver aun cosas más grandes que estas!
>
> (Juan 1:47-50)

Jesús no solo pudo ver al hombre Natanael sentado debajo de la higuera, sino que también pudo ver el corazón de Natanael. Jesús pudo evaluar la condición espiritual de Natanael, y después declarar que este hombre no tenía falsedad alguna.

Tú y yo podemos crecer en este tipo de visión, si nos rendimos a Dios y seguimos la instrucción que Él nos da por el camino. No tienes que ser una persona altamente dotada para hacerlo, tan solo alguien dispuesto, entregado a Él.

DISCERNIR FUERZAS DE BIEN Y DE MALDAD

Hace muchos años, cuando nuestro primer hijo era un bebé, comencé a ver más claramente en el Espíritu y a discernir entre el bien y el mal. Definitivamente tenía más hambre de Dios, y creo que esta es la clave para recibir de Él.[9] Durante nueve noches seguidas, el Espíritu Santo me despertó a las dos de la mañana. Yo me levantaba de la cama y me iba al salón y me sentaba. Entonces "veía" un regalo, como un regalo de Navidad, que descendía del cielo hasta posarse en mi regazo. Cada noche, el regalo estaba envuelto en un color de papel distinto y un color de lazo distinto: papel dorado con lazo azul, papel verde con lazo rojo, papel plata con lazo dorado, etc. Todos estos colores eran simbólicos, y entendía bastante de lo que representaban, pero no los abría. Entonces, la quinta noche (recordando que el número cinco representa "gracia" en la numerología bíblica), me dispuse a abrir el regalo que me habían dado.

Operando en la esfera del vidente, tiré del lazo y lo deshice, y abrí la tapa de la caja (todos tenemos que hacer esto: quitar la tapa de los regalos de Dios por la fe). Metí la mano en el interior de la caja y saqué dos objetos, pensando: *Vaya...¿Qué es esto?* Eran unos lentes de ver, dos pares. Tomé uno con cada mano y los puse sobre mis ojos naturales, tras lo cual parecieron derretirse en ellos.

En ese momento en el tiempo, ya había estado viendo en el Espíritu en cierta medida; de lo contrario, me hubiera muerto de miedo al tener esta experiencia durante cinco noches. Pero tras esa noche, comencé a ver mucho mejor que antes. Comencé a ver fuerzas de bien y de maldad. También comencé a ver futuros derramamientos del Espíritu, calamidades venideras y desastres naturales inminentes, incluyendo terremotos. Pude entender los llamados y destinos de Dios para personas y ciudades. Esta fue la forma de Dios de impartir más habilidad de vidente en mí, e intenté hacer

---

9. Si eres padre o madre, sabrás que prestas atención cuando uno de tus hijos toca tu corazón al querer que le cargues. Es menos probable que interactúes con el hijo que está distraído e inmerso en otros asuntos. Un buen padre tiende a dar buenos regalos al que se lo pide.

un buen trabajo de retener lo que veía para poder compartir mis percepciones con otros, a medida que fuera apropiado hacerlo.

Cuando digo que comencé a ver fortalezas de bien y de maldad, me refiero a que comencé a *discernir* más que antes entre lo bueno y lo malo. Podía identificar ángeles, así como sus equivalentes malvados, los demonios. Podía distinguir la mano de Dios en una situación, y podía ver también las huellas de Satanás. Podía discernir la presencia del Espíritu Santo mejor que antes, y tenía un grado de sabiduría más alto con respecto a lo que Él quería que hiciera con lo que estaba viendo.

Uno de los propósitos del don espiritual de discernimiento de espíritus (ver 1 Corintios 12:10) es detectar, exponer y detener las actividades del maligno, por el bien del pueblo de Dios. Un ejemplo de esto es cuando Pablo desenmascaró los motivos mezclados de Simón el mago (ver Hechos 13:6-10). Este don estaba operando también cuando el apóstol discernió el espíritu maligno en la esclava en Filipo (ver Hechos 16:16-18). Ella proclamaba la verdad, lo cual tendía a enturbiar el proceso de discernimiento. Solo el Espíritu Santo pudo haber revelado que ella estaba siendo impulsada por un demonio con el propósito de frustrar el establecimiento de las buenas nuevas del reino en esa región.

Según aprendía más sobre el don de discernimiento de espíritus, descubrí que podía percibir con mayor claridad el espíritu motivador detrás de ciertas palabras o acciones de las personas, ya fuera santo, demoniaco o meramente humano. A veces, de algún modo "sencillamente sabía" el significado de lo que estaba viendo. Otras veces tenía que esperar, ver y estudiar una situación o persona para detectar los buenos o malos resultados de sus palabras o hechos. Como no toda la actividad espiritual viene de Dios, es vital que los miembros del cuerpo de Cristo sean capaces de penetrar más allá de lo que parece obvio a los ojos naturales y a la percepción humana.

En todo esto, mi sentido de la vista estaba siendo entrenado. Este nivel de visión y percepción espiritual es como el alimento sólido para los creyentes maduros del que hablamos en el capítulo anterior: *"pero el alimento sólido es para los que han alcanzado madurez, para los que por el uso tienen los sentidos ejercitados en el discernimiento del bien y del mal"* (Hebreos 5:14 RVR1960)

COMO NO TODA LA ACTIVIDAD ESPIRITUAL VIENE DE DIOS, ES VITAL QUE LOS MIEMBROS DEL CUERPO DE CRISTO SEAN CAPACES DE PENETRAR MÁS ALLÁ DE LO QUE PARECE OBVIO A LOS OJOS NATURALES Y A LA PERCEPCIÓN HUMANA.

ALCANZAR UNA ESFERA MÁS ELEVADA

"Abre mis ojos, oh Cristo" es una canción cristiana contemporánea de Paul Baloche que se ha traducido a muchos idiomas. Está basada en el pasaje de las Escrituras con el que comencé este capítulo, Efesios 1:18-19, y es una buena oración para decir o cantar. Dios siempre la contestará.

Puedes esperar que Dios te responda a tu medida en tu situación en particular. Esto se debe a que tu corazón es tan único como la forma en que operarán los ojos de tu corazón. La mejor forma de cooperar con el proceso de entrenamiento del Espíritu de Dios es seguir acercándonos a Él y seguir queriendo más de Él. Como Habacuc, escribe lo que veas, aunque sea solo una visión fugaz. Presta atención a lo que ves en tus sueños, porque pueden incluir "visiones nocturnas" de Dios (ver Job 33:15). Aprende a callarte en su presencia para poder esperar con expectativa lo que Él te pueda mostrar. Entrégate a Él en cuerpo, alma y espíritu, y dile que quieres que los ojos de tu espíritu sean iluminados.

Busca mentores, y no seas tímido en pedirle a una persona con este don que ore por ti para una impartición del don de vidente. Consigue buenos recursos que te puedan enseñar más sobre discernir lo bueno y lo malo. Busca testimonios que demuestren experiencias personales de ver con los ojos del espíritu, y mantente alerta a todo lo que pudiera despertar tu atención. Cuando otras personas nos cuentan sus experiencias de ver con los ojos de su corazón, estas historias producen expectación en nuestro corazón. Nos abrimos a nuevas experiencias de ver en el Espíritu.

No te olvides de adorar a Dios todo lo posible. Situarte ante Él en humilde adoración resulta ser una de las mejores maneras para crecer en la esfera visionaria o del vidente. Tan solo piensa en Juan el amado cuando estaba en el exilio en la isla de Patmos. Estaba adorando el día del Señor cuando comenzó a recibir las estupendas visiones que se convirtieron en el último libro de la Biblia (ver Apocalipsis 1:9-11). La adoración nos enchufa al cielo mejor que cualquier otra cosa que conozca, porque el cielo se trata de adoración.

ORACIÓN DE UN CORAZÓN DISCERNIDOR

Dios Padre, te adoro con todo mi ser. De nuevo me rindo a ti, porque eres mi Creador; te amo y confío en ti. Extiendo mis manos al cielo, pidiéndote más de tu Espíritu Santo. En concreto, rindo mis ojos físicos y espirituales a ti, y te pido un aumento de tu don y tu unción.

Te pido directamente la habilidad de ver con nuevos ojos. Quiero tener visiones, y te pido que me ayudes a entenderlas. Al leer tu Palabra, aliméntame con la comida de las personas maduras. Aumenta el espíritu de sabiduría y revelación en mí para que pueda ver lo que tú ves. Quiero ser más eficaz para tus propósitos.

Por la gracia de Dios, creo que recibiré un aumento de visiones, sueños y destellos de tu gloria. Recibo todo lo que tú quieras darme, en el nombre de tu Hijo Jesús. Amén.

3

OÍR: "HABLARÁ TODO LO QUE OYERE"

"Pero cuando venga el Espíritu de verdad, él os guiará a toda la verdad; porque no hablará por su propia cuenta, sino que hablará todo lo que oyere, y os hará saber las cosas que habrán de venir".
— Juan 16:13 (RVR1960)

"¿Cuál es el ministerio del Espíritu Santo?".

Cuando le hago a las personas esta pregunta recibo una gran variedad de respuestas, y todas son correctas: "Da dones espirituales". "Trae convicción". "Cultiva el carácter y el fruto del Espíritu en las vidas de las personas". "Declara la verdad y produce consuelo, y hace muchas más cosas".

El Espíritu Santo hace mucho. Sin embargo, nunca recibo esta respuesta en particular: "El ministerio del Espíritu Santo es *oír*". Sin embargo, eso es lo que nos dicen las palabras de Jesús en el versículo de arriba. No tendemos a pensar en el Espíritu Santo como un oidor. Puede que pensemos más en nuestra propia necesidad de oír la voz del Espíritu. Pero aparentemente no tendríamos nada que oír si antes el Espíritu Santo no oyera la voz del Padre.

Eso es lo que dice el versículo: *"Hablará todo lo que oyere"*. Él oye antes de decir nada. Del mismo modo, nosotros tenemos que oírlo a Él antes de abrir nuestra boca para declarar la Palabra del Señor.

Cuando Jesús dijo las palabras de arriba, escritas después por Juan el amado, el Espíritu Santo aún no había sido dado a los discípulos porque Jesús aún no había ascendido al cielo después de su resurrección. Ahora, no obstante, el Espíritu de verdad ha venido, y Él sigue viniendo a las vidas de hombres y mujeres de Dios en todo lugar. Él viene para hacer muchas cosas, pero Él siempre *oye* primero. Todo lo que el Espíritu dice o hace nos guía a una revelación más amplia del corazón del Padre. Él revela los planes de Dios para el futuro, abriendo el telón para revelar cómo Dios pretende traer su reino al mundo. Solo a medida que aprendemos a escuchar al Espíritu Santo es que somos capaces de participar.

> TODO LO QUE EL ESPÍRITU DICE O HACE NOS GUÍA A UNA REVELACIÓN MÁS AMPLIA DEL CORAZÓN DEL PADRE.

ESCUCHAR PARA OÍR

Aunque suena casi demasiado obvio para decirlo, la verdad es que no podemos oír la voz de Dios a menos que la escuchemos. Oír es uno de nuestros cinco sentidos naturales que Dios quiere mejorar espiritualmente. Hemos sido creados a imagen y semejanza de Dios, y debemos crecer en nuestra capacidad para oír en lo espiritual; hemos sido diseñados para escuchar su voz y comprender lo que Él está diciendo.

Nuestras vidas le pertenecen por completo a Dios. Al igual que el Espíritu Santo, tú y yo no originamos decisiones del reino ni iniciamos acciones del reino. Nosotros respondemos. Obedecemos. Seguimos escuchando su voz todo el tiempo.

Debemos ser intencionales acerca de aprender a oír en el sentido espiritual, y mantenernos en esa intención. Yo aprendí esto por las malas. Hace años, me sentía abrumado por la cantidad de verdad reveladora que estaba aprendiendo. No era capaz de ponerlo todo en práctica en mi vida porque me parecía demasiado para tratar con ello. Pero en vez de pedirle al Señor que me ayudara a procesarlo todo, le dije con frustración: "Señor, no creo que pueda recibir más. No puedo oír más verdades nuevas hasta que haya aprendido a caminar en las que ya me has mostrado".

Bueno, ¿sabes qué? El Señor decidió responder esa oración, y durante todo un año no oí nada fresco o nuevo del Espíritu Santo. Por mi propia iniciativa, había puesto de forma privada un techo bajo sobre mí mismo. Por desgaste y frustración, había dicho que no quería escuchar más; y aunque lo había hecho sin pensarlo, el Señor escuchó mi petición y se retiró.

Con el paso del año, sentí que iba a tientas en la oscuridad sin su guía. Comencé a darme cuenta de que había levantado algún tipo de barrera entre nosotros, pero no tenía ni idea de qué podía ser. Entonces un día en particular salí a dar una vuelta, orando mientras caminaba. De repente, ¡"oí" (en mi espíritu) la voz del Espíritu Santo!Me dijo:*"Estás buscando, ¿no es cierto?"*.

Yo dije: "Sí".

"No lo encontrarás", respondió Él. No sabía cómo responder a eso. Sé que sentí en mi interior esa sensación familiar de frustración, y pensaba:*¿Por qué siempre tienes que hablar en parábolas?*

Entonces Él me explicó: *"Estás buscando tu propia vida, pero no puedes encontrarla. Es porque me la entregaste. Tu vida está escondida en Cristo ahora, ¿recuerdas? Y una vez que me entregas tu vida, yo me la quedo"*. Eso parecía cierto. Ahora estaba deseoso de rescindir mi errónea petición. ¿Qué había estado pensando el último año? Mi vida ya no era mía. Mi nueva vida estaba escondida en Cristo, y me tiene que ser revelada de forma continua por el Dueño de mi vida.

HAMBRIENTO DE DIOS

En su amorosa sabiduría, Dios me dejó tener hambre para que tan solo quisiera comer lo que Él me iba a dar. El Espíritu Santo no me había abandonado; ¡Papá Dios estaba cuidando de mí!

Me enamoré de estas palabras del libro de Deuteronomio:

Te humilló y te hizo pasar hambre, pero luego te alimentó con maná, comida que ni tú ni tus antepasados habían conocido, con lo que te enseñó que no solo de pan vive el hombre, sino de todo lo que sale de la boca del Señor. (Deuteronomio 8:3)

Sé que Jesús también amaba estas palabras, porque citó la última parte de este versículo en el Sermón del Monte: *"Escrito está: No sólo de pan vive el hombre, sino de toda palabra que sale de la boca de Dios"* (Mateo 4:4 RVC). En el griego del Nuevo Testamento, el tiempo de la palabra *"sale"* indica un proceso continuo. En otras palabras, significa la palabra que ha salido, la palabra que sale y la palabra que saldrá. ¿De dónde procede la palabra? *"De la boca de Dios"*.

La palabra de Dios es nuestro pan diario. Incluso la oración modelo de Jesús (que llamamos el Padrenuestro) contiene esta frase: *"El pan nuestro de cada día, dánoslo hoy"* (Mateo 6:11 RVR1960, RVC). Aquí se hace alusión a algo más que una barra de pan. Igual de importante que es la comida física para nuestros cuerpos, es la comida espiritual que sale de Dios, y recibimos ese tipo de comida oyendo espiritualmente. Caminamos con Dios en una relación íntima, y su Espíritu habla verdad a nuestro espíritu.

Nuestra receptividad a la verdad de Dios incluye cuatro componentes subyacentes: (1) humildad, (2) hambre, (3) ser alimentado, y (4) entender la verdad. Todos estos elementos se pueden encontrar en el versículo de arriba de Deuteronomio. Habla sobre cómo Dios humilló a los israelitas, que es lo que Dios hizo conmigo durante ese largo año cuando me sentía lejos de Él. Sin embargo, podemos humillarnos también nosotros mismos. Eso es lo que Pedro aconsejó hacer a los creyentes: *"Humillaos, pues, bajo la poderosa mano de Dios, para que él os exalte cuando fuere tiempo"* (1 Pedro 5:6 RVR1960).

En mi experiencia, la humildad y el hambre van de la mano; y sin el humilde deseo de una palabra de Dios, no quedaremos satisfechos. Incluso puedes considerar este tipo de hambre un regalo de Dios. Él nos da hambre por Él, especialmente cuando se lo pedimos. Demasiadas personas no están hambrientas y sedientas de Dios, y como resultado no lo encuentran.

Yo oro: "Señor, deseo tener más hambre de ti. Hazme estar tan sediento como el ciervo que busca por las corrientes de aguas. Haz que mi alma te anhele" (ver Salmo 42:1). Él oye esa oración, y me da hambre y sed de todo lo que Él desea darme como alimento. Sé que Él escogerá la palabra perfecta para mí y abrirá mi corazón para entenderla.

> NUESTRA RECEPTIVIDAD A LA VERDAD
> DE DIOS INCLUYE HUMILDAD, HAMBRE,
> ALIMENTARSE Y ENTENDER LA VERDAD.

SON NECESARIOS DOS PARA COMUNICARSE

No es que no reconozcamos la voz de Dios, aunque la mayoría de las veces ocurre así. Es que muchas de nuestras oraciones son peticiones, y en medio de nuestro recitado de necesidades propias, raras veces se nos ocurre detenernos y escuchar la voz del Espíritu de Dios. Si lo hacemos, aprenderemos a oír. Jesús dijo: *"Las que son mis ovejas, oyen mi voz; y yo las conozco, y ellas me siguen*" (Juan 10:27 RVC). Podría decir muchas cosas sobre esta impresionante frase. En este contexto, destacaré el simple hecho de que nuestra capacidad para seguir a Jesús se corresponde con nuestra habilidad para oír su voz y nuestra atención a ella. Cuando oímos su palabra, podemos seguirle.

Jesús nos llama, e incluso se invita a sí mismo, a venir a nuestro corazón, pero nosotros debemos asentir. Así es como nos lo dice: "*¡Mira! Ya estoy a la puerta, y llamo. Si alguno oye mi voz y abre la puerta, yo entraré en su casa, y cenaré con él, y él cenará conmigo*" (Apocalipsis 3:20 RVC). La primera persona de la Deidad que encontrarás y experimentarás es el Espíritu Santo, porque cuando Él habla, hace que Jesús y el Padre sean para nosotros una realidad viva. Él nos convence de nuestra necesidad de Él. Las personas ni siquiera saben que necesitan ser salvas hasta que el Espíritu llama a la puerta de su corazón. Pero cuando Él llama al corazón de alguien, depende de la persona abrir o no la puerta. Jesús no dijo que abriría la puerta del corazón de cada persona, solo que llamaría a la puerta. ¿Qué hace Él? Inicia lo que tiene la intención de ser una relación de dos direcciones: "*Yo entraré en su casa, y cenaré con él, y él cenará conmigo*". La comunión es real, pero depende de la respuesta de la persona a la invitación de Jesús.

A medida que aprendemos a escuchar nuestras conversaciones con Él, Dios compartirá su corazón con nosotros. De nuevo, no podemos dominar la conversación hablando tan solo de nuestros problemas. Él quiere una relación real, no una mera transacción empresarial. Y cuando nos envía a hacer algo, nos envía como su amigo, no como un mensajero sin rostro.

Nuestra relación con nuestro Papá celestial nunca pretendió ser una conversación telefónica de larga distancia. "Disponible" es el apellido de Dios. Él anhela pasar tiempo a solas con cada uno de nosotros; y Él nos escucha con atención, mostrándonos cómo escucharlo a Él. El pastor Dutch Sheets, líder intercesor y evangelista de reavivamiento, hace esta pregunta de tanteo: "¿Qué tema podría merecer más nuestra atención que escuchar a Dios? Cuando habla la fuente de toda vida y sabiduría, quienes son sabios escuchan. A los necios ni siquiera les importa o no aprenden cómo. El fruto de ambas cosas es el mismo: ignorancia destructiva".[10]

Escuchar es igual de importante en nuestras relaciones humanas más íntimas, ¿no es cierto? Cuando mi familia era joven y yo tenía que viajar y estar lejos de mi esposa y mis hijos durante un tiempo, usaba mi teléfono celular, otro teléfono o cualquier otra tecnología disponible para estar en contacto con ellos. Pero lo que realmente necesitábamos era el contacto físico, vernos y oírnos en persona. El verdadero amor exige estar juntos. A veces tan solo necesito un abrazo. De forma similar, el mayor secreto para escuchar la voz de Dios es cultivar con Él una relación de dos direcciones basada en el amor.

En mi libro *Hearing God's Voice Today* (Cómo oír la voz de Dios hoy), destaqué esta importante verdad: "El amoroso deseo de Dios de estar en comunicación con nosotros nunca decae o cesa... Somos nosotros quienes debemos apoyarnos en su corazón para oír su dulce lenguaje de amor".[11] Nuestro Padre amoroso está hablando. ¿Estamos escuchando?

> EL MAYOR SECRETO PARA ESCUCHAR LA VOZ DE DIOS ES CULTIVAR CON ÉL UNA RELACIÓN DE DOS DIRECCIONES BASADA EN EL AMOR.

---

10. Dutch Sheets, prefacio de *Listen, God Is Speaking to You*, de Quin Sherrer (Ann Arbor, MI: Servant Publications, 1999), p. 9.
11. James W. Goll, *Hearing God's Voice Today* (Grand Rapids, MI: Chosen Books, 2016), p. 61.

¿CÓMO SE EXPRESA DIOS?

Dios no habla siempre del mismo modo. De hecho, usa un rango bastante amplio de maneras para expresarse, no solo el clásico "trueno" o "voz de trompeta" del cielo, como vemos en algunos versículos:

> Yo estaba en el Espíritu en el día del Señor, y oí detrás de mí una gran voz como de trompeta,
> (Apocalipsis 1:10 RVR1960)

> Sus pies parecían bronce al rojo vivo en un horno, y su voz era tan fuerte como el estruendo de una catarata.
> (Apocalipsis 1:15)

> La voz del Señor resuena sobre las aguas. El Dios de la gloria hace oír su voz. El Señor está sobre las muchas aguas. La voz del Señor es potente. La voz del Señor es majestuosa. La voz del Señor desgaja los cedros; ¡el Señor desgaja los cedros del Líbano!...La voz del Señor lanza llamas de fuego. La voz del Señor hace temblar al desierto; el Señor hace temblar al desierto de Cades. La voz del Señor desgaja las encinas y deja los árboles sin hojas, mientras en su templo todos proclaman su gloria.
> (Salmo 29:3-5, 7-9 RVC)

Aunque la voz del Señor puede llegar en forma de sonidos fuertes y poderosos que no son frases humanas, como el trueno, un viento recio, olas o terremotos, no siempre es así. El profeta Elías descubrió esto cuando no pudo detectar la voz del Señor en sonidos naturales fuertes, sino más bien en una brisa pequeña y susurrante:

> El Señor le ordenó: —Sal y preséntate ante mí en la montaña, porque estoy a punto de pasar por allí. Como heraldo del Señor vino un viento recio, tan violento que partió las montañas e hizo añicos las rocas; pero el Señor no estaba en el viento.

> *Después del viento hubo un terremoto, pero el Señor tampoco estaba en el terremoto. Tras el terremoto vino un fuego, pero el Señor tampoco estaba en el fuego. Y después del fuego vino un suave murmullo. Cuando Elías lo oyó, se cubrió el rostro con el manto y, saliendo, se puso a la entrada de la cueva.*
>
> (1 Reyes 19:11-13)

A veces Dios nos habla en lo que parece un discurso humano a nuestros oídos naturales, y capta nuestra atención. Eso es justamente lo que le ocurrió a Pablo en el camino de Damasco:

> *Pero sucedió que de pronto en el camino, ya cerca de Damasco, lo rodeó un poderoso haz de luz que venía del cielo y que lo hizo rodar por tierra, mientras oía una voz que le decía: «Saulo, Saulo, ¿por qué me persigues?» Y él contestó: «¿Quién eres, Señor?» Y la voz le dijo: «Yo soy Jesús, a quien tú persigues. Dura cosa te es dar de coces contra el aguijón. Él, temblando de temor, dijo: "Señor, ¿qué quieres que yo haga?" Y el Señor le dijo: Levántate y entra en la ciudad. Allí se te dirá lo que debes hacer.» Los acompañantes de Saulo se quedaron atónitos, porque oían la voz pero no veían a nadie.*
>
> (Hechos 9:3-7 RVC)

Hay veces en las que Dios nos habla a través de sus mensajeros angelicales. El ejemplo más destacado de esto ocurrió cuando el ángel Gabriel anunció a María que iba a concebir y dar a luz al Hijo de Dios:

> *A los seis meses, Dios envió al ángel Gabriel a Nazaret, pueblo de Galilea, a visitar a una joven virgen comprometida para casarse con un hombre que se llamaba José, descendiente de David. La virgen se llamaba María. El ángel se acercó a ella y le dijo: —¡Te saludo,tú que has recibido el favor de Dios! El Señor está contigo. Ante estas palabras, María se perturbó, y se preguntaba qué podría significar este saludo. —No tengas*

miedo, María; Dios te ha concedido su favor —le dijo el ángel—. Quedarás encinta y darás a luz un hijo, y le pondrás por nombre Jesús. Él será un gran hombre, y lo llamarán Hijo del Altísimo. Dios el Señor le dará el trono de su padre David, y reinará sobre el pueblo de Jacob para siempre. Su reinado no tendrá fin. — ¿Cómo podrá suceder esto —le preguntó María al ángel—, puesto que soy virgen? —El Espíritu Santo vendrá sobre ti, y el poder del Altísimo te cubrirá con su sombra. Así que al santo niño que va a nacer lo llamarán Hijo de Dios. También tu parienta Elisabet va a tener un hijo en su vejez; de hecho, la que decían que era estéril ya está en el sexto mes de embarazo. Porque para Dios no hay nada imposible.

(Lucas 1:26-37)

Poco después, un ángel distinto habló al prometido de María, José, pero sucedió en un sueño esta vez (ver Mateo 1:20-21). A veces, cuando Dios habla mediante sueños, las personas se despiertan con sus palabras resonando en su mente, o entienden el mensaje de Dios después de pensar en cómo interpretar el simbolismo del sueño. Del mismo modo, a menudo se debe interpretar el simbolismo en las visiones para entender los mensajes de Dios. El Espíritu Santo nos ayudará a entender, a veces hablándonos directamente, como lo hizo con Pedro:

Al día siguiente...Pedro subió a la azotea a orar. Era casi el mediodía.Tuvo hambre y quiso algo de comer. Mientras se lo preparaban, le sobrevino un éxtasis. Vio el cielo abierto y algo parecido a una gran sábana que, suspendida por las cuatro puntas, descendía hacia la tierra. En ella había toda clase de cuadrúpedos, como también reptiles y aves. —Levántate, Pedro; mata y come —le dijo una voz. — ¡De ninguna manera, Señor! —replicó Pedro—. Jamás he comido nada impuro o inmundo. Por segunda vez le insistió la voz: —Lo que Dios ha purificado, tú no lo llames impuro. Esto sucedió tres veces, y en seguida la sábana fue recogida al cielo. Pedro no atinaba a explicarse cuál podría ser el significado de la visión. Mientras tanto, los hombres enviados por Cornelio, que estaban preguntando por la casa de Simón, se presentaron a la puerta. Llamando, averiguaron si allí se hospedaba Simón, apodado Pedro. Mientras Pedro seguía reflexionando sobre el significado de la visión, el Espíritu le dijo: «Mira, Simón, tres hombres te buscan. Date prisa, baja y no dudes en ir con ellos, porque yo los he enviado». Pedro bajó y les dijo a los hombres: —Aquí estoy; yo soy el que ustedes buscan. ¿Qué asunto los ha traído por acá? (Hechos 10:9-21)

Sin embargo, a menudo la voz de Dios es inaudible, pero podemos "oírla" dentro de nuestro acallado espíritu. Como ovejas suyas, reconocemos su voz.

El hecho es que mientras más liberamos los sonidos del cielo en la tierra mediante nuestra alabanza y adoración fiel y ferviente, más oiremos la voz del Señor de forma más frecuente y clara. Y mientras más oigamos su voz, mejor podremos llevar su gloria a la tierra y animar a otras personas. Vemos en la siguiente profecía mesiánica de Isaías que oír de Dios permite a sus discípulos hablar por Él ampliamente:

Dios el Señor me ha dado una lengua de sabios, para saber cómo consolar a los cansados. Todas las mañanas despierta mis oídos para que escuche como los sabios. Dios el Señor me ha abierto los oídos, y yo no he sido rebelde ni he intentado huir. (Isaías 50:4-5 RVC)

La palabra del Señor es poderosa, pero nunca anulará la respuesta de una persona a ella; por lo tanto, tenemos este aviso:

Más bien, mientras dure ese «hoy», anímense unos a otros cada día, para que ninguno de ustedes se endurezca por el engaño del pecado...Si ustedes oyen hoy su voz, no endurezcan el corazón..." (Hebreos 3:13, 15)

"Anímense unos a otros cada día." Esta frase apunta a uno de los principales propósitos de oír la voz de Dios: extender su amor paternal a otras personas. Mediante nuestra relación con Él, podemos ayudar a extender su invitación a los que, de otra forma, quizá no le conocerían. *"Vengan a mí"*, dice Jesús, *"todos ustedes, los agotados de tanto trabajar, que yo los haré descansar. Lleven mi yugo sobre ustedes, y aprendan de mí, que soy manso y humilde de corazón, y hallarán descanso para su alma"* (Mateo 11:28-29 RVC).

APRENDER A RECONOCER SU VOZ

Cuando dudes si lo que crees estar oyendo viene del Señor, puedes filtrarlo por las siguientes pautas para probarlo. Incluso cuando Dios da una palabra fuerte o impactante, puedes contar con que estará en línea con su misericordioso carácter. Observa estos puntos importantes:

1. Dios te dirige. La maldad te empuja.
2. Dios te calma. La maldad te apresura.
3. Dios te reafirma. La maldad te asusta.
4. Dios te ilumina. La maldad te confunde.
5. Dios te anima. La maldad te desanima.
6. Dios te consuela. La maldad te preocupa.
7. Dios te calma. La maldad te agita.
8. Dios te convence (de la verdad). La maldad te condena.

> REVISA LO QUE CREES ESTAR OYENDO CON LA PALABRA ESCRITA DE DIOS, PORQUE DIOS NUNCA SE CONTRADICE A SÍ MISMO.

Revisa lo que crees estar oyendo con la Palabra escrita de Dios, porque Dios nunca se contradice a sí mismo. Antes de compartir alguna palabra con otros, presta atención al fruto que está produciendo la palabra en tu propio corazón. ¿Te da esperanza? ¿Sientes un aluvión de valor o fe? ¿O parece acusarte o provocar un temor no santo en tu interior? Recuerda que Satanás y Dios están en conflicto, y al diablo lo que más le gustaría es que te apartases del Señor, tu Fuente de vida. El enemigo *"ronda como león rugiente, buscando a quién devorar. Resístanlo"* (1 Pedro 5:8-9).

Así que pregúntate si una palabra que sientas que has recibido se identifica con tu espíritu. Cuando oyes una verdadera palabra de Dios, puedes esperar experimentar lo que se llama el "testimonio del Espíritu Santo". Recuerda: las palabras falsas te dejarán sintiendo ansiedad o agitación, o incluso enojo.

MANSO Y HUMILDE

Al buscar la mejor manera de posicionarnos para oír y obedecer la voz de Dios, Jesús es nuestro modelo. Nuestro Señor, Salvador y Amigo personifica el poder bajo control. Él no necesita hablar con la fuerza de una explosión nuclear. En el pasaje de arriba de Mateo, se refiere a sí mismo como *"manso y humilde"* (Mateo 11:29 RVC).

Cuando somos jóvenes, muchos queremos ser poderosos, ricos y famosos. No podemos ver el valor del servicio humilde. Sin embargo, Dios habla con más claridad a los que se humillan voluntariamente. Entendí esto hace años cuando viajaba con el evangelista de sanidad Mahesh Chavda, sirviendo como su asistente.

En una ocasión estábamos en la ciudad checa de Praga, y él estaba orando individualmente con cientos de personas que se habían quedado allí después del servicio de la noche. Él estaba tan ocupado orando que no podía tomarse un descanso. A las tantas de la madrugada, me dirigía de vuelta al hotel para conseguir un par de cosas: sus zapatillas de deporte y una garrafa de café. Se lo llevé de regreso al lugar donde aún estaba orando pacientemente por las personas, aunque estaba agotado. Llevaba sus zapatos negros de vestir, como siempre hacía cuando predicaba. Me arrodillé a su lado y le desaté los zapatos, se los quité, y metí sus pies en sus zapatillas de deporte que eran mucho más cómodas. Después le di el café para ayudarle a renovar su energía.

Fue algo sencillo, y a la vez muy poderoso. Yo no estaba en esa relación con él por lo que pudiera obtener de ella, sino realmente para servir como mejor pudiera. Y aprendí mucho tan solo con verlo y hablar con él. Nuestra relación (que ya dura más de cuarenta años) era buena.

En otra ocasión, recuerdo preguntarle a Mahesh: "Ahora que has estado caminando con Dios todos estos años, y tras haber visto milagros y sanidades y haber ayunado y orado, dime qué has aprendido sobre oír la voz de Dios".

Pensé que me respondería: "Primero tienes que ayunar durante cuarenta días y cuarenta noches, y después tienes que deshacerte de todo lo que posees". Solo entonces, quizá, la voz de Dios será capaz de penetrar en la débil comprensión de una persona. Presumiblemente, Dios enviaría una multitud de ángeles para abrir camino a su resonante anuncio.

Pero Mahesh solo sonrió y dijo: "Mientras más cerca estoy de Dios, más mansa es su voz para mí".

Eso es todo.

Como ves, todo tiene que ver con la relación.

ALCANZAR UNA ESFERA MÁS ELEVADA

Pensando en nuestra relación con el Señor y en oír su voz, me viene a la mente uno de los himnos favoritos de mi infancia. Las palabras dicen así:

> Vengo al jardín solo
> Mientras el rocío aún está sobre las rosas,

Y la voz que oigo cae en mi oído,
El Hijo de Dios se revela.
Estribillo:
Y él camina conmigo, y él habla conmigo,
Y él me dice que soy suyo;
Y el gozo que compartimos mientras estamos ahí,
Nadie más lo ha conocido.[12]

He cantado esta canción por más de cincuenta años. Significa tanto para mí hoy como la primera vez que la canté con mi himnario color marrón bermellón de Cokesbury. Sí, hay mucho gozo al oír la voz de Dios. No importa lo que Él decida expresar. Simplemente porque es Él, nuestro corazón se estremece. Abandonamos lo que pudiera distraer nuestra atención de Él y nos apresuramos a hacer todo lo que Él nos pida hacer.

Sin embargo, muchos aún albergamos incredulidad con respecto a la idea de oír la voz de Dios. Nos falta confianza en que es realmente posible, y no podemos entender el hecho de que Él nos ama y nos invita a sentarnos con Él. Algunos hemos tenido malas experiencias al pensar erróneamente que oíamos la voz de Dios, y nos da miedo cometer otro error o ser engañados; como resultado, hemos decidido tomar el camino seguro de no abrirnos en absoluto a oír a Dios.

Recordemos que el Creador de todas las cosas también creó la comunicación. Él es infinitamente capaz de hablarte de una forma que tú puedas recibir. Dios te conoce mejor que nadie, y quiere hablarte de una forma que tú puedas entender. No esperes hasta estar desesperado por oír su voz. Activa tu oído espiritual haciéndole preguntas y esperando respuestas. Quizá te sorprendas cuando comiencen a fluir en tu mente pensamientos frescos. Él te *responderá* de algún modo: mediante el testimonio o enseñanza de otra persona, en un renglón o dos de su Palabra escrita, mediante

---
12. C. Austin Miles, "I Come to the Garden Alone", 1912.

un sueño, o de cualquier otra forma. Deja que Dios decida cómo hablar. Tan solo escucha con expectación.[13]

> DIOS TE CONOCE MEJOR QUE NADIE, Y QUIERE HABLARTE DE UNA FORMA QUE TÚ PUEDAS ENTENDER.

ORACIÓN DE UN CORAZÓN DISCERNIDOR

Padre misericordioso, en el maravilloso nombre de Jesús te presento mis oídos físicos y los espirituales. Quiero ser un discípulo para la actualidad, como lo fue Juan, el amado, apoyando mi cabeza sobre tu pecho para poder oír tu palpitar. Según tu Palabra, te pido que abras mis oídos cada mañana para oír tus palabras que dan vida. Afina mi discernimiento para que pueda distinguir tu voz de las demás, y para distinguirla -incluso- cuando tú hables de formas inusuales e inesperadas.

Despierta mi cansado corazón para oír tu voz. Quiero oír tu inspiradora y convincente voz por mi propio bien y por el bien de otros. Quiero ser más eficaz para tus propósitos. Te pido sinceramente un aumento de tu unción del don de oír tu voz. Dame la gracia que necesito para ir en pos de ti y para seguir escuchando tu voz todos los días de mi vida. Con gratitud, alabo tu nombre. Amén.

---

13. Para un estudio más profundo sobre este tema, consulta mi libro *Hearing God's Voice Today*. Ver nota al pie 11.

4

SENTIR: "DEL CORAZÓN MANA LA VIDA"

*"Sobre toda cosa guardada, guarda tu corazón;
porque de él mana la vida".*
— Proverbios 4:23 (RVR1960)

Hemos examinado ver y oír, dos de los sentidos humanos de suma importancia que son parte de nuestra composición física, así como sus implicaciones espirituales. Nuestros cinco sentidos (vista, oído, olfato, gusto y tacto) son también esenciales para nuestra composición espiritual, porque funcionan para recibir y discernir revelación de Dios.

Pasemos ahora al equivalente espiritual del sentido físico: el tacto, que es *sentir*, como en nuestros sentimientos o respuestas emocionales al entorno que nos rodea. En este capítulo examinaremos la pregunta sobre cómo nuestros sentimientos nos ayudan a captar información espiritual. Para comenzar, considera el hecho de cómo las personas ciegas o sordas, aunque sea parcialmente, confían mucho más en el resto de sus sentidos. Por ejemplo, si no pudieras ver las palabras y frases en este libro, estarías muy agradecido por un libro en formato Braille o de audio. De forma similar, puedes ver tus sentimientos como un tipo de lector de Braille emocional/espiritual, una forma en la que puedes recibir las señales que tus otros sentidos quizá pasen por alto.

Durante años hemos oído la frase "WWJD (¿Qué haría Jesús?)". Yo quiero proponer una pregunta: "WWJF (¿Qué sentiría Jesús?)". Según mi observación, muchos de los hombres y las mujeres a quienes Dios asigna como profetas o intercesores son personas cuyo corazón es más sensible que el de otros. A veces pueden saber lo que el Espíritu está haciendo, no solo porque pueden detectar cambios sutiles en la atmósfera espiritual, sino también porque pueden sentir dolor físico y tener otras sensaciones. Por ejemplo, eso es lo que ocurre en una reunión pública cuando se pide oración de sanidad por alguien porque un guerrero de oración nota un dolor extraño o entumecimiento o cosquilleo en una parte de su propio cuerpo.

ESTO ES PERSONAL

Por lo general se piensa que la sensibilidad personal es un rasgo femenino, pero resulta que yo soy uno de esos varones raros para quienes los sentimientos son cruciales; soy un "varón sensible". Estoy constituido emocionalmente, como sabrá cualquiera que pase tiempo conmigo. Las personas como yo hemos sido creados a imagen de Dios con un pequeño énfasis extra en el factor del sentimiento, y yo quiero ser todo lo sensible que pueda cuando se trata de discernir los deseos del corazón del Señor. He tenido que aprender continuamente a rendir mis "antenas" al Espíritu Santo para que Dios pueda usarme de la forma que pretendía hacerlo cuando me creó como me creó.

Una de las metas de mi vida es llegar a ser más sensible aún al Espíritu Santo. Quiero ser sensible a sus impulsos, a sus abrazos, a los matices de su obra, a sus retrocesos. Quiero conocer todo lo posible acerca de lo que le atrae, lo que le invita a acercarse, y lo que le disuade para no quedarse. A fin de cuentas, como señala R. T. Kendall tan magistralmente en su libro *The Sensitivity of the Spirit* (La sensibilidad del Espíritu), el Espíritu Santo mismo es sensible como una paloma.

Durante el transcurso de los años he tenido que aprender a mantenerme sensible al Espíritu Santo sin volverme reactivo en exceso. Descubrí que tenía ciertos prejuicios que no sabía que tenía. Recuerdos particulares estaban correlacionados con emociones almacenadas. Cuando algo activaba esos recuerdos, saltaban mis viejos sentimientos, y raras veces eran útiles en mi contexto inmediato. Tales reacciones tenían mucho que ver con la condición de mi corazón, mi ser interior. He recibido ministración personal, y he aprendido mucho en el proceso. Donde he sufrido experiencias negativas, incluso traumas, he buscado la sanidad interior. Para mejorar mi bienestar ha sido esencial un sentido saludable del valor personal, basado en el hecho de que soy *"acepto en el Amado"* (Efesios 1:6 RVR1960, RVC). Las heridas no sanadas pueden hacernos ser inseguros, inhibidos, imprudentes, ansiosos, irascibles o combativos, nada parecido al fruto del Espíritu que queremos cosechar. Estoy haciendo que mi meta sea responder con el amor de Dios a todo lo que toque mis sentimientos, con un corazón que esté todo lo sanado y completo posible.

¿QUÉ MANA DE TU CORAZÓN?

Por lo tanto, lo que mana de nuestro corazón afecta todo lo que hay en nosotros y lo que nos rodea. Esta es la razón por la que escogí Proverbios 4:23 como el versículo de inicio para este capítulo: *"Sobre toda cosa guardada, guarda tu corazón; porque de él mana la vida"*. Ya sea que te identifiques o no como una persona sensible, el estado de tu corazón, tu ser interior, o bien enturbia tu vida o aclara su fluir. Por lo tanto, debes escudriñar (*"guardar"*) tus motivaciones, tus suposiciones y el fruto de tus acciones.

La única forma en la que puedes entenderte a ti mismo verdaderamente es comparando con las Escrituras lo que mana de tu corazón. Se me ocurren al menos cinco aspectos de un entendimiento fundamental de nuestra composición emocional:

1. El efecto endurecedor del pecado. Hebreos 3:13 habla sobre que nuestro corazón se puede endurecer por *"el engaño del pecado".* El mismo Espíritu Santo que nos convence de pecado al principio de nuestra vida cristiana, nos ayudará continuamente a identificar pecados en nuestras vidas y a arrepentirnos de ellos; Él nos dirige en la santificación progresiva. Nadie llegará a ser totalmente perfecto en esta vida terrenal, pero como resultado de la obra limpiadora del Espíritu de Dios, podemos esperar que nuestro corazón mejore en salud celestial.

2. La única forma de ablandar un corazón duro. Como mejor puedes contrarrestar el efecto endurecedor del pecado es rompiéndolo con el martillo de Dios: su Palabra. *"¿No es acaso mi palabra como fuego, y como martillo que pulveriza la roca? — afirma el Señor—"* (Jeremías 23:29). Palabras bíblicas específicas rompen tipos específicos de durezas; puedes orar para que Dios haga que estas capten tu atención en el momento correcto.

3. Los deseos de nuestro corazón. *"No amen al mundo, ni las cosas que están en el mundo"* (1 Juan 2:15 RVC), escribió el apóstol Juan. Se hacía eco de las palabras de Jesús, que nos enseñó a no acumular tesoros en la tierra sino a acumular tesoros en el cielo, concluyendo con: *"Pues donde esté tu tesoro, allí estará también tu corazón"* (Mateo 6:21, RVC; ver versículos 19-21). Estos días, a las personas les gusta decir: "Sigue tu pasión", pero no sigas tus pasiones y deseos si eso significa que tu amor por las cosas del mundo te despojan de tu amor por Dios. En su lugar, busca esto: *"Deléitate asimismo en Jehová, y él te concederá las peticiones de tu corazón"* (Salmos 37:4 RVR1960).

4. Esperanza que repara el corazón. Para que toda esta charla sobre la dureza de corazón y el arrepentimiento no te desanime, permíteme rápidamente añadir que el Señor siempre está disponible para ti, siempre te ama. Fija tu atención en Él. *"Y todo aquel que tiene esta esperanza en él, se purifica a sí mismo, así como él es puro"* (1 Juan 3:3 RVR1960). En otras palabras, fijar tu esperanza en Él repara tu corazón.

5. *Amor puro de corazón, bondad sincera.* Para experimentar la redención de nuestros sentimientos, debemos presentárselos a Dios de forma regular. Nosotros debemos presentarlos, mientras eliminamos las influencias contaminantes a las que tanto afecto tenemos. Pablo escribió: *"Queridos hermanos, purifiquémonos de todo lo que contamina el cuerpo y el espíritu, para completar en el temor de Dios la obra de nuestra santificación"* (2 Corintios 7:1). Y tenemos la seguridad de que *"si confesamos nuestros pecados, él es fiel y justo para perdonar nuestros pecados y limpiarnos de toda maldad"* (1 Juan 1:9 RVC).

Recomiendo apartar un tiempo especial anualmente para hacer un examen personal del corazón. Ora por el estado de tu corazón y sumérgete en la Palabra. Pide restauración y renovación, diciendo: *"Dios mío, ¡crea en mí un corazón limpio! ¡Renueva en mí un espíritu de rectitud!"* (Salmos 51:10 RVC).

Si acabas luchando una y otra vez con la misma respuesta emocional no deseada, quizá tengas que buscar ayuda de alguien que ministre con un modelo de sanidad integrado que combine la consejería en oración, sanidad interior, liberación y retroalimentación profunda. Pídele al Señor que te muestre qué hacer cuando te sientas estancado.

EL ESTADO DE TU CORAZÓN,
TU SER INTERIOR, O BIEN ENTURBIA
TU VIDA O ACLARA SU FLUIR.

DEMOSTRAR LA COMPASIÓN DE DIOS

Un poderoso aspecto de nuestro sentido espiritual del tacto es la respuesta de compasión. Quiero que sepas algo: la "compasión" no es mansa y blanda, ¡es volcánica! Cuando surge la compasión en tu corazón, te impulsa sacándote de tu ensimismamiento. Sales de ti, ignorando el costo personal, para hacer lo que puedas por otra persona.

La compasión en nuestro corazón, que es agitada por el Espíritu de Dios, se compara con el corazón compasivo de Jesús. Estos son algunos destellos bíblicos de su compasión en acción:

Al ver las multitudes, Jesús tuvo compasión de ellas porque estaban desamparadas y dispersas, como ovejas que no tienen pastor. (Mateo 9:36 RVC)

Jesús tuvo compasión de él, así que extendió la mano, lo tocó y le dijo: «Quiero. Ya has quedado limpio».
(Marcos 1:41 RVC)

Y Jesús, llamando a sus discípulos, dijo: Tengo compasión de la gente, porque ya hace tres días que están conmigo, y no tienen qué comer; y enviarlos en ayunas no quiero, no sea que desmayen en el camino. (Mateo 15:32 RVR1960)

Y cuando el Señor la vio, se compadeció de ella, y le dijo: No llores. (Lucas 7:13 RVR1960)

Un hombre tenía dos hijos —continuó Jesús—... Así que emprendió el viaje y se fue a su padre...Todavía estaba lejos cuando su padre lo vio y se compadeció de él; salió corriendo a su encuentro, lo abrazó y lo besó. (Lucas 15:11, 20)

Las necesidades profundas de las personas alrededor de Él produjeron una respuesta compasiva en Jesús. Esto a menudo sucedía sin palabras, como ocurrió con la mujer que tenía flujo de sangre:

Allí estaba una mujer que desde hacía doce años padecía de hemorragias y había sufrido mucho a manos de muchos médicos, pero que lejos de mejorar había gastado todo lo que tenía, sin ningún resultado. Cuando oyó hablar de Jesús, se le acercó por detrás, entre la gente, y le tocó el manto. Y es que decía: «Si alcanzo a tocar aunque sea su manto, me sanaré.» Y tan pronto como tocó el manto de Jesús, su hemorragia se detuvo, por lo que sintió en su cuerpo que había quedado sana de esa enfermedad. Jesús se dio cuenta tan enseguida de que de él había salido poder. Pero se volvió a la multitud y preguntó: «¿Quién ha tocado mis vestidos?» Sus discípulos le dijeron: «Estás viendo que la multitud te apretuja, y preguntas: "¿Quién me ha tocado?"» Pero Jesús seguía mirando a su alrededor, para ver quién había hecho eso. Entonces la mujer, que sabía lo que en ella había ocurrido, con temor y temblor se acercó y, arrodillándose delante de él, le dijo toda la verdad. Jesús le dijo: «Hija, por tu fe has sido sanada. Ve en paz, y queda sana de tu enfermedad.» (Marcos 5:25-34 RVC)

¡Eso es Jesús siendo espiritualmente y emocionalmente sensible! La mujer no dijo ni una sola palabra. Ni siquiera tocó el cuerpo de Jesús de forma alguna que Él lo pudiera haber sentido; ella tan solo tocó el borde de su manto, y tan solo con eso Él pudo saber que algo importante había sucedido. Sus discípulos nunca habían vivido una situación así. "¿Qué quieres decir con lo de 'Alguien me ha tocado'? ¡Toda esta multitud te está tocando!". Ellos no sabían que Él pudo *sentir* poder saliendo de sí mismo para suplir una necesidad vital y no especificada. Él sintió tanto la compasión como el brote de poder divino que suplió la necesidad no expresada. El corazón amante de Jesús estaba continuamente con las personas, que eran como ovejas sin pastor. Su autoridad sobre la enfermedad y la oscuridad estaba arraigada de forma tan sólida en su corazón compasivo que el enemigo (que sufre de una seria carencia de compasión) no podía permanecer en su presencia. Como solía decir John Wimber: "Todo lo que Dios hace está relacionado con quién es Él". Cuando Jesús caminaba sobre esta tierra, sanaba a los enfermos y buscaba incansablemente las ovejas perdidas de Dios. Hoy, como el Espíritu de Jesús mora en cada uno de nosotros, también deberíamos hacer lo mismo.

Los mejores líderes cristianos son ejemplo de la amorosa compasión de Jesús diariamente. Miremos a Mahesh Chavda, por ejemplo, cuyo primer libro se tituló (reveladoramente) *Only Love Can Make a Miracle* (Solo el amor puede hacer un milagro). Y recuerdo las palabras que tan frecuentemente se repiten de Heidi Baker: "Debes aprender a detenerte ante uno", refiriéndose a la forma en que debemos tratar a todos, incluso a la persona más baja, cuyas necesidades capten nuestra atención.

También recuerdo lo que Oral Roberts, ese venerado general de la fe, dijo justo antes de morir, una historia que también incluí en mi libro *Releasing Spiritual Gifts Today* (Liberar los dones espirituales hoy). Mi hijo Justin y yo fuimos invitados, junto a otros más, a visitar al evangelista de sanidades. Cada persona podía hacer una pregunta o hacer un comentario, y después podíamos pedirle a Oral Roberts que orase por nosotros. La petición de Justin fue atrevida: "Quiero una mayor autoridad y eficacia en mi oración por los enfermos".

Oral Roberts le miró y dijo: "Hijo, no sabes lo que estás pidiendo".

Justin repitió de igual forma su petición. "Eso es lo que quiero de Dios: mayor autoridad y eficacia cuando ore por los enfermos".

Entonces Oral Roberts dijo algo que nunca antes había oído decir a nadie: "Para eso, debes aprender a amar a los enfermos". Las palabras de este renombrado evangelista resonaron en la sala, y supe que acabábamos de oír un gran secreto del reino: "Debes aprender a amar a los enfermos".

De nuevo la compasión. Debemos aprender a amar a las personas frecuentemente difíciles de amar que nos encontremos. Debemos mantener la compasión del Espíritu de Jesús en la máxima estima y avivarla en nuestro corazón. Lejos de ser tímida o aburrida, ¡la compasión es un *sentimiento* poderoso que cubre mucho terreno en el reino de Dios!

LA "COMPASIÓN" NO ES MANSA Y BLANDA, ¡ES VOLCÁNICA!

EL CORAZÓN DE DIOS EN EL NUESTRO

Las Escrituras nos dicen que Jesús vino del seno (corazón) del Padre (ver Juan 1:18, RVR1960, RVC) y que ahora, por la fe, Él reside en los corazones de quienes lo aman: *"anunciando el misterio que se ha mantenido oculto por siglos y generaciones, pero que ahora se ha manifestado a sus santos. A estos Dios se propuso dar a conocer cuál es la gloriosa riqueza de este misterio entre las naciones, que es Cristo en ustedes, la esperanza de gloria"* (Colosenses 1:26-27). Por consiguiente, los cristianos somos llamados templos del Espíritu Santo (ver 1 Corintios 3:16; 6:19).

Durante toda nuestra vida, cada uno de nosotros puede esperar tener repetidas experiencias como la del camino a Emaús, en las que nuestro espíritu interactúa con el Espíritu de Dios en nuestro interior (ver Lucas 24:13-35). Es una dinámica de inicio y respuesta; inicio y respuesta. Él inicia la actividad espiritual y nosotros respondemos a ella. Tu corazón no siempre arderá como lo hicieron los corazones de los discípulos en el camino de Emaús, pero puedes esperar que tus emociones detecten con regularidad actividad y atmósfera espiritual.

Mantente alerta a esos impulsos sutiles e ideas fugaces que podrían ser importantes. Dialoga en silencio con el Espíritu durante el transcurso de tu caminar diario. Él nunca te deja; Él habita en tu corazón.

INTERCESIÓN PROFÉTICA

Como parte de su sentido espiritual del tacto, muchas personas sienten la pesada presión de los agobiantes problemas de otros. Pablo escribió: *"Sobrellevad los unos las cargas de los otros, y cumplid así la ley de Cristo"* (Gálatas 6:2 RVR1960). Él no estaba hablando sobre cargar pesadas mochilas. Cumplir la ley de Cristo es algo del corazón.

Con certeza, la parte más difícil de cualquier asunto pesado es el efecto interno. La única forma en la que podemos llevar verdaderamente la carga de otro es cargar en el hombro parte del peso emocional y espiritual. A veces podemos hacerlo compartiendo algo de la Palabra de Dios, pero la forma más eficaz de llevar las cargas los unos de los otros es orar.

No sabemos cómo orar por cada nueva carga que se presenta, y tampoco podemos pretender que otras personas nos digan cómo orar. El Espíritu Santo, sin embargo, conoce todos los pormenores de cada asunto. Él sabe cómo una crisis encaja en el plan divino. Él sabe todo sobre los temores y manías humanas. Por lo tanto, la única forma de *"sobrellevar los unos las cargas de los otros, y cumplir así la ley de Cristo"* es avanzar por la vida con una conciencia íntima del Espíritu y su guía.

Yo tengo un nombre para lo de llevar esta carga: lo llamo "intercesión profética", y he escrito y enseñado sobre ello en gran detalle.[14] Los intercesores proféticos son como pequeñas bestias de carga voluntarias en las que Jesús se monta. Ellos lo llevan a Él de tarea en tarea. Las cargas que llevamos en oración no tienen la intención de aplastarnos o consumirnos. Ninguna es permanente, aunque muchas se repiten. Se supone que debemos llevar la carga a algún lugar, y no quedarnos con ella. Nuestra misión es llevarla hasta el trono de la gracia: *"Por tanto, acerquémonos confiadamenteal*

---

14. Ver, por ejemplo, mi libro *The Prophetic Intercessor* (El intercesor profético) (Grand Rapids, MI: Chosen Books, 2007).

trono de la gracia, para alcanzar misericordia y hallar gracia para cuando necesitemos ayuda" (Hebreos 4:16 RVC).

> LA ÚNICA FORMA DE "SOBRELLEVAR LOS UNOS LAS CARGAS DE LOS OTROS, Y CUMPLIR ASÍ LA LEY DE CRISTO" ES AVANZAR POR LA VIDA CON UNA CONCIENCIA ÍNTIMA DEL ESPÍRITU Y SU GUÍA.

A veces mi tarea es llevar una carga durante solo un ratito. Otras veces, el viaje es más largo. A menudo, me siento llamado a bendecir a alguien que está llevando una carga, sin yo mismo cargarla. Pero he descubierto que hay algunas cosas que no debo ni tocar. Sin el don de discernimiento y un fluir continuo de comunicación interna con el Espíritu Santo, no sabría para qué es cada carga. Y sin el amor compasivo de Cristo, no puedo orar como conviene.

Parece que algunas personas están hechas para llevar una carga de oración durante periodos más largos de tiempo que otras. Todos deberíamos estar alertas a la idea de que nuestra tarea podría consistir en solo una pequeña parte de la carga más grande. Por ejemplo, cuando oro por una elección nacional, mi contribución podría ser orar solo por un individuo local. En cualquier caso, debo desarrollar una sensibilidad al Espíritu Santo que me capacite para evaluar el tipo de oración que se supone que debo hacer.

Debo mantener una actitud de confianza y adoración todo el tiempo. Esto es lo que quiere el Padre, y tengo el honor de estar invitado a participar de ello. De hecho, estoy uncido al yugo con el Señor. Como colaborador en la cosecha, yo voy donde Él va, arrancando y deteniéndome cuando Él lo hace. No soy yo quien está al mando, y no estoy llevando el 100 por ciento del peso. Jesús dijo: "*Porque mi yugo es suave y mi carga es liviana*» (Mateo 11:30). Lo único que una bestia de carga necesita es un corazón dispuesto y obediente.

Mientras avanzo, uncido bajo el yugo con el Señor, Él me señala sus intenciones mediante cambios y movimientos sutiles. Para seguir el paso, yo debo ser sensible a los sentimientos de presión y liberación. Solo raras veces habrá palabras. Cuando me encuentro con estorbos y obstáculos, tengo que saber rápidamente qué hacer.

Al caminar por fe mediante mi espíritu que está uncido a través del yugo al Espíritu Santo, también necesito discernir la atmósfera espiritual que me rodea. ¿Es amistosa u hostil? ¿Acabo de sentir que algo cambió? Esta presión extra que siento ¿viene del Espíritu Santo o de un espíritu demoniaco? ¿Está mi propia tendencia a arrastrar mis pies (u otra tendencia incorrecta) interfiriendo en que pueda mantener un paso firme? En otras palabras, lo que estoy sintiendo ¿es algo que viene de Dios, de Satanás o de mi propia carne?

En el proceso de discernir una situación, nunca debo caer en el juicio crítico, particularmente cuando se trata de otra persona. Teniendo en mente el fruto del Espíritu, debo resistir cualquier tentación a impacientarme, frustrarme, ser antipático o caer en la desesperación. Nunca debo hacer mía una situación dada, porque Dios *siempre* tiene una solución para cada problema.

Una meta de mi discernimiento no es tanto salir de un aprieto, sino más bien mantenerme cerca del Señor y seguir su guía. Otra meta que tengo (y que confío en que también la harás tuya), es seguir desarrollando todos mis sentidos naturales y espirituales para discernir lo bueno y lo malo. Yo estoy siempre aprendiendo a prestar mejor atención. Recibí mentoría en esta área de la fundadora de Generals International, Cindy Jacobs, al ministrar juntos en numerosas ocasiones. Siempre sintonizo cuando le oigo a ella decir: "¡Algo acaba de cambiar! ¿Lo has sentido?". Ella es muy buena para captar incluso los cambios en la atmósfera cuando la intercesión profética y los actos de obediencia y fe dan paso a la presencia manifiesta de Dios.

CAMINAR SEGÚN NUESTROS SENTIMIENTOS GUIADOS POR EL ESPÍRITU

A veces me siento bastante limitado por la debilidad de mi constitución humana, pero entonces recuerdo que incluso mi discernimiento viene de Dios. Mi camino es un camino de fe.

Los que estamos en esta tienda [terrenal], que es nuestro cuerpo, gemimos con angustia; porque no quisiéramos ser desvestidos, sino revestidos, para que lo mortal sea absorbido por la vida. Pero Dios es quien nos hizo para este fin, y quien nos dio su Espíritu en garantía… (porque vivimos por la fe, no por la vista)…Pero ya sea que estemos ausentes o presentes, siempre procuramos agradar a Dios.

(2 Corintios 5:4-5, 7, 9 RVC)

Yo no camino por mis propios (y muy poco confiables) sentimientos humanos, sino por mis sentimientos guiados por el Espíritu Santo. La diferencia es importante, y todo comienza el momento en que me presento ante Dios y le cedo todos mis sentidos. Pablo insiste en que esta es la única forma en la que un mero ser humano es capaz de abordar el discernimiento:

Por lo tanto, hermanos, tomando en cuenta la misericordia de Dios, les ruego que cada uno de ustedes, en adoración espiritual, ofrezca su cuerpo como sacrificio vivo, santo y agradable a Dios. No se amolden al mundo actual, sino sean transformados mediante la renovación de su mente. Así podrán comprobar cuál es la voluntad de Dios, buena, agradable y perfecta. (Romanos 12:1-2)

Mientras camino diariamente por fe, me doy cuenta de que, por lo general puedo sentir la diferencia entre lo bueno y lo malo; y siempre que no estoy seguro de qué es lo que se está presentando, lo único que hago es revisar el ABC de los caminos de Dios para ver si lo que estoy enfrentando se alinea con ellos. ¿Cuál es el espíritu motivador detrás de este asunto del que no estoy seguro? ¿Da testimonio mi espíritu con el Espíritu Santo acerca de ello? ¿Refleja esto la naturaleza de Dios? ¿Veo amor en ello? ¿Hay dones del Espíritu operando? ¿Está dando buen fruto esta situación?

Si recibo demasiadas respuestas inciertas o del todo negativas, puedo darle gracias a mi sentido espiritual del tacto por mostrarme que eso es un fraude o incluso una amenaza. Ya sabes, está BIEN sentirte *molesto* en tu espíritu cuando el enemigo te está molestando. Vemos esto en la historia de Pablo y la esclava que tenía el espíritu diabólico de adivinación, lo cual discutimos en un capítulo previo. Aunque las palabras de la muchacha eran ciertas, su motivación venía de un espíritu inmundo, y era el momento de que alguien lidiara con ello.

Una vez, cuando íbamos al lugar de oración, nos salió al encuentro una joven esclava que tenía un espíritu de adivinación. Con sus poderes ganaba mucho dinero para sus amos. Nos seguía a Pablo y a nosotros, gritando: —Estos hombres son siervos del Dios Altísimo, y les anuncian a ustedes el camino de salvación. Así continuó durante muchos días. Por fin Pablo se molestó tanto que se volvió y reprendió al espíritu: — ¡En el nombre de Jesucristo, te ordeno que salgas de ella! Y en aquel mismo momento el espíritu la dejó.
(Hechos 16:16-18)

Este es un ejemplo de un discípulo cuyas emociones estaban siendo guiadas por Dios. Aunque puede que nunca nos encontremos con una situación similar, podemos aprender de ella, pidiendo al Espíritu Santo que nos ayude a discernir entre el bien y el mal mientras ejercitamos nuestros sentidos espirituales.

ALCANZAR UNA ESFERA MÁS ELEVADA

La canción de Bill Gaither "He Touched Me" (Él me tocó) la han cantado y grabado muchos cristianos evangélicos y carismáticos durante más de cincuenta años. La letra fue inspirada cuando alguien le dijo a Bill cuál era el número de veces que el Nuevo Testamento dibuja a Jesús tocando a personas. Claramente, el acto físico de su toque iba acompañado de un toque emocional/espiritual, ya que la compasión de Jesús suplía las necesidades profundas, a menudo sin palabras. Así es como Jesús sanaba a las personas y las sacaba del mal hacia la luz del reino de Dios.

"Él me tocó", y Él aún toca a las personas hoy mediante creyentes como tú y yo. Nunca dudes en responder a las invitaciones de su Espíritu, y por favor, no ignores sus advertencias o correcciones. Él nos ha equipado a cada uno con sentidos ocultos, y quiere enseñarnos a confiar en ellos.

Recuerda siempre que cuando amas con la compasión de Jesús, tienes su autoridad para llevar a las personas esperanza, sanidad y liberación en situaciones difíciles. Invita al Espíritu Santo a venir de nuevo y tocarte profundamente con el amor de Dios.

ORACIÓN DE UN CORAZÓN DISCERNIDOR

Padre, en el gran nombre de Jesús rindo mi mente, mi voluntad y mis emociones a ti. Me consagro a ti, y decido guardar mi corazón para que lo que salga de él fluya con tu amor y sea de beneficio para otros. Te doy todo el permiso para hacer pedazos cualquier lugar pedregoso que quede aún en mi corazón. Entra en mis recuerdos y sana mi trauma emocional. Equípame con el discernimiento para que pueda recibir revelación de ti, descartar lo malo y abrazar lo bueno. Haz que mi corazón arda dentro de mí con un conocimiento de la verdad cuando entre en tu presencia.

Te pido un aumento de la unción de tu Espíritu que descansa sobre mis emociones. Enséñame a reconocer las señales y banderas que levantas a través de mis emociones y sentimientos. Haz que mis sentimientos se correspondan con los tuyos, y agranda la capacidad de mi corazón para albergar compasión. Hazme sensible a tus sugerencias más mínimas y hazme rápido para obedecer tus directrices.

Por tu gracia, yo *creo*; ayúdame a dejar atrás mi incredulidad. Aumenta mi pasión por las cosas de tu reino. Inunda mi espíritu con el tuyo para que pueda amarte plenamente y reconocer los deseos de tu corazón. Para la gloria de Dios, amén.

5

GUSTO, OLFATO, Y OTRAS GUÍAS

"¡Cuán dulces son a mi paladar tus palabras!
Más que la miel a mi boca".
— Salmos 119:103 (RVR1960)

"Mas a Dios gracias, el cual nos lleva siempre en triunfo
en Cristo Jesús, y por medio de nosotros manifiesta en todo
lugar el olor de su conocimiento".
— 2 Corintios 2:14

Me ha fascinado la historia de la vida de Helen Keller desde que la escuché la primera vez. Nacida en 1880, sobrevivió a una grave enfermedad cuando tenía solo año y medio de edad que le robó tanto su visión como su oído. Aprendió a comunicarse con su familia inmediata mediante algunas "señas caseras", pero sus esperanzas de una vida significativa parecían sombrías.

Entonces apareció la maestra Anna Sullivan. Su historia se ha contado en libros, obras teatrales, documentales y películas impresionantes, incluyendo la película *The Miracle Worker* (El hacedor de milagros), que probablemente es más conocida hoy día. Annie rompió las aparentemente insuperables barreras de la ceguera, sordera y mudez cuando con siete años de edad Helen de repente encontró la conexión entre el agua que se estaba bombeando sobre una de sus manos, y la palabra A-G-U-A que su maestra deletreaba con sus dedos en la otra mano.

A una edad muy temprana, el famoso predicador de Boston Phillips Brooks (que escribió la letra de "O Little Town of Bethlehem" (Pequeño pueblo de Belén), presentó a Jesucristo a Helen. Con Annie interpretando, Brooks le contó a la pequeña la historia del evangelio. Se dice que su respuesta fue gozosa, algo parecido a "Siempre supe que Él estaba ahí, ¡pero no conocía su nombre!".[15]

Helen aprendió a desarrollar su sentido del tacto a un nivel alto de sensibilidad (tanto que podía "escuchar" música mediante sus vibraciones, por ejemplo). También solía normalmente acercar su rostro lo suficientemente cerca de las cosas para olerlas o probarlas. Usando solo los sentidos que tenía disponibles, recogió más información sobre el mundo a su alrededor que la mayoría de nosotros con nuestros cinco sentidos en perfecto estado.

Helen Keller se convirtió en la primera persona sorda y ciega en conseguir un título universitario. No tan solo aprendió a leer, escribir y hablar, sino que también se convirtió en escritora y abogada de muchas causas sociales. Hasta la fecha, citas de Helen Keller como estas están en amplia circulación: "Puedo ver, y por esto puedo estar feliz en lo que ustedes llaman la oscuridad, pero que para mí es dorada. Puedo ver un mundo creado por Dios, no un mundo creado por el hombre". "Es algo terrible ver y no tener visión."

NO QUEDARSE ATASCADO EN UN SOLO CANAL

He hablado de Helen Keller al principio de este capítulo porque ella nos muestra claramente que, cuando una persona se ve

---

15. Ver, por ejemplo, https://books.google.com/ books?id= NeCN2cVnONYC&pg=PA591&dq=Helen+Keller+didn%27t+know+His+name.

privada de uno o dos de sus sentidos naturales, los otros sentidos pueden brillar.

Recuerdo un día hace muchos años, cuando estaba sentado en un salón frente de un caballero cristiano anciano que me miró y me dijo: "Usted no está oyendo ahora mismo, ¿verdad?". Se refería a oír la voz de Dios proféticamente, y tenía razón. Era como si yo estuviera usando una radio que estaba atascada en un solo canal y le hubieran bajado el volumen.

Se lo llevé en oración al Señor: "Está bien, Dios, ¿de qué otras formas podrías estar hablándome?". Sin frustrarme ni autocondenarme, comencé a cultivar un hambre por lo que ahora llamo el "VPC de Dios" (su voluntad, su palabra y sus caminos). Descubrí que Dios tiene tiempos y etapas distintas para revelarse a nosotros. Solo algunas veces yo debería esperar ver visiones u oír palabras celestiales; necesitaba aprender a ser flexible y a rendir todo mi ser, incluidos todos mis sentidos, al intercambio de comunicación espiritual.

Puede que no sea una de esas personas que siempre están delante cuando aparece algo nuevo, alguien a quien se le llama "innovador", "inventor" o "adoptador temprano" en el mundo del desarrollo técnico, o un "precursor" en la iglesia, pero sé cuándo es el tiempo de aprender nuevas verdades, enfoques y técnicas. Admiro a las personas en la iglesia que allanan el camino para el resto de nosotros, personas como Patricia King de XP Ministries. Aunque yo soy uno de sus consejeros ministeriales, probablemente aprendo de ella tanto, o más, como ella aprende de mí. Patricia es una emprendedora espiritual que no se rinde cuando afronta circunstancias difíciles. En su lugar, hace una estrategia e implementa formas nuevas de avanzar para hacer lo que Dios quiere que ella haga. Como otros que van por delante de los demás, se le malentiende y critica. Pero eso no le frena. Ella está aprendiendo constantemente y siendo pionera de nuevos conceptos, sin perder de vista a Dios. Si de algún modo su poder de oratoria le fuera retirado, ella encontraría alguna otra forma de comunicación, y lo haría emocionante. Patricia nunca, jamás, se atascará en un canal.

Dejémonos inspirar por aquellos que van por delante en el desarrollo de sus sentidos espirituales al explorar ahora las vías del gusto y el olfato.

"GUSTAD Y VED"

Las Escrituras están llenas de alusiones al sentido del gusto, y muy pocas de ellas están reducidas a la habilidad física. Por ejemplo:

Gustad, y ved que es bueno Jehová; Dichoso el hombre que confía en él. (Salmo 34:8 RVR1960)

¿Acaso he hablado con malas intenciones? ¿Acaso no distingo entre el bien y el mal? (Job 6:30 RVC)

Mi amado es, entre los jóvenes, como el manzano entre los árboles silvestres. Sentarme a su sombra es un deleite; ¡cuán dulce es su fruto a mi paladar! (Cantares 2:3 RVC[16])

Luego extendió el Señor la mano y, tocándome la boca, me dijo: «He puesto en tu boca mis palabras". (Jeremías 1:9)

El "gusto" es otra forma de referirse al discernimiento, ¿no crees? A veces gustamos o discernimos la bondad de Dios, otras veces la presencia del mal. Es como si nuestro gusto nos diera ojos u oídos como en el pasaje de Jeremías. A menudo, no solo percibimos lo que Dios nos está mostrando, sino que también difundimos la noticia.

---

16. El libro bíblico del que viene este versículo se llama "Cantar de los Cantares" o "Cantar de Salomón" o "Cantar de los Cantares de Salomón" dependiendo de la traducción de la Biblia.

Se podría comparar este proceso a una competencia culinaria. La programación de televisión está llena de programas en los que cocineros compiten por premios, y los dos principales criterios para juzgar son, ya lo adivinas, gusto y presentación. Gustad y ved.

EL "GUSTO" ES OTRA FORMA DE REFERIRSE AL DISCERNIMIENTO, ¿NO CREES?

MÁS DULCE QUE LA MIEL

El gusto guía nuestra evaluación más de lo que nos damos cuenta. Algunas cosas te "saben" bien, como el fruto perfectamente maduro del Espíritu: *"amor, gozo, paz, paciencia, benignidad, bondad, fe, mansedumbre, templanza"* (Gálatas 5:22-23 RVR1960). Al menos dos hombres en la Biblia, Ezequiel y Juan, recibieron la orden de comerse los rollos en los que estaba escrita la palabra de Dios, y esos rollos les supieron bien:

Y me dijo: «Hijo de hombre, cómete este rollo escrito, y luego ve a hablarles a los israelitas». Yo abrí la boca y él hizo que me comiera el rollo. Luego me dijo: «Hijo de hombre, cómete el rollo que te estoy dando hasta que te sacies». Y yo me lo comí, y era tan dulce como la miel. (Ezequiel 3:1-3)

Me acerqué al ángel y le pedí que me diera el rollo. Él me dijo: «Tómalo y cómetelo. Te amargará las entrañas, pero en la boca te sabrá dulce como la miel». Lo tomé de la mano del ángel y me lo comí. Me supo dulce como la miel, pero al comérmelo se me amargaron las entrañas. Entonces se me ordenó: «Tienes que volver a profetizar acerca de muchos pueblos, naciones, lenguas y reyes». (Apocalipsis 10:9-11)

DEJAR UN MAL SABOR

Otras cosas parecerán dejarte un mal sabor en la de boca. No lo puedes distinguir al instante, pero disciernes que algo está "mal", algo está podrido. Casi puedes degustarlo y olerlo. Es cuando tus sentidos naturales se han puesto bajo la unción del Espíritu Santo, y las cosas han cambiado a la dimensión sobrenatural. O podría ser el don de distinguir (o discernir) espíritus en acción (ver 1 Corintios 12:10), lo cual describo en detalle en mi libro *Cómo liberar los dones espirituales hoy*.

Cuando esto sucede, ten cuidado de no saltar a la acción, o reaccionar demasiado rápido. A veces nuestra percepción no es del todo acertada. Heridas interiores no sanadas, pecados de los que aún no nos hemos arrepentido, o una instrucción errónea, pueden hacernos sospechar de un problema que no existe. Quizá estás tocando un asunto real, pero no es el tiempo aún de hacer nada al respecto. Tenemos que mirar las cosas desde todas las perspectivas posibles. Quizá cuando degustaste o te dio un olorcillo de fruto malo, su origen era una maldición generacional o un espíritu demoniaco de las tinieblas.

Nuestras dos respuestas principales cuando tratamos con revelación subjetiva deberían ser siempre: (1) presentar la revelación que percibimos de vuelta a Dios en oración, pidiendo confirmación, y (2) buscar del Señor sabiduría con respecto a cómo y cuándo aplicar la revelación.

IMPLICACIONES AROMÁTICAS

LA FRAGANCIA DEL CIELO

El gusto y el olfato están íntimamente asociados entre sí, y al ejercitar nuestros sentidos también podemos extraer un significado de lo que simbolizan ciertos aromas y olores. Por ejemplo, una vez estaba ministrando en algunas reuniones en carpas en Sacramento, California. Usando el libro de Levítico, enseñaba acerca del fuego sacrificial sobre el altar del tabernáculo: *"El fuego arderá continuamente en el altar; no se apagará"* (Levítico 6:13 RVR1960). De repente, el particular olor del humo de nogal americano avanzó desde el final de la carpa. Cientos de personas olieron el aire. Nadie podía ver fuego, y no había altar. Sin embargo, con el olor de ese humo invisible el temor del Señor cayó en ese lugar. Los líderes salieron a los pasillos y llegaron a gatas hasta el frente, arrepentidos, buscando el rostro de Dios. El aroma había sido el detonante de la respuesta de las personas.

Otro ejemplo de un aroma significativo se puede ver en la Biblia cuando, tras el diluvio, Noé hizo un fuego sobre el altar del sacrificio que había construido:

Luego Noé construyó un altar al Señor, y sobre ese altar ofreció como holocausto animales puros y aves puras. Cuando el Señor percibió el grato aroma, se dijo a sí mismo: Aunque las intenciones del ser humano son perversas desde su juventud, nunca más volveré a maldecir la tierra por culpa suya. Tampoco volveré a destruir a todos los seres vivientes, como acabo de hacerlo. (Génesis 8:20-21)

Quiero hacer una observación especial sobre algo que demuestra esta escena: *Lo último que Dios ha inhalado es lo siguiente que exhalará.* Noé realizó el sacrificio, y Dios "inhaló" el olor del humo, llamándolo un *"grato aroma".* Después Dios "exhaló" una bendición, una promesa. Nosotros hacemos lo mismo, para bien o para mal. Nosotros "exhalamos" el aroma de la atmósfera de la que acabamos de participar. A veces ese aroma es bueno, y a veces no. Pero lo que entra tiene que salir. Por eso tenemos que prestar atención a nuestro entorno espiritual.

Nuestra meta debería ser compartir el aroma del cielo que hemos inhalado, como vemos en estos pasajes (uno de cada Testamento):

Tus labios, novia mía, destilan miel; leche y miel escondes bajo la lengua. Cual fragancia del Líbano es la fragancia de tus vestidos. (Cantar de los Cantares 4:11)

Pero todo lo he recibido, y tengo abundancia. Estoy lleno, y he recibido de Epafrodito lo que ustedes me enviaron: sacrificio aceptable, de olor fragante y agradable a Dios.
(Filipenses 4:18 RVC)

> NUESTRA META DEBERÍA SER COMPARTIR EL AROMA DEL CIELO QUE HEMOS INHALADO, COMO VEMOS EN ESTOS PASAJES.

EL AROMA DE LA NECESIDAD

Una vez, me pareció oler humo de cigarrillo en varias personas a las que estaba ministrando. No tenía sentido para mí. Sabía de cierto que solo algunas de ellas eran fumadoras y que muchas personas no podían haber llegado a mi reunión directamente de alguna sala llena de humo. Asombrado, puse la pregunta en oración, y entonces me di cuenta de lo que estaba ocurriendo: estaba discerniendo adicciones (todo tipo de adicciones, no necesariamente solo la adicción a los cigarrillos). Aprendí a plantear preguntas a las personas, invitándoles a hablar las cosas para que pudiera salir la verdad, seguida de arrepentimiento, sanidad o liberación. Mi sentido espiritual del olfato se había activado y, por lo tanto, fue útil para la oración eficaz.

SENTIR EL BIEN Y EL MAL

Al desarrollar tus sentidos espirituales del gusto y el olfato, quiero ofrecerte más ayuda para que disciernas las diferencias entre el bien y el mal. Considera las siguientes dicotomías:

1. El bien exalta a Dios. El mal exalta a una persona.

2. El bien supera la prueba del tiempo. El mal te apresura a sacar conclusiones rápidas.
3. El bien se alinea con la Palabra de Dios. El mal "dibuja fuera de las líneas".
4. El bien defiende la pureza. El mal te seduce a la perversión.
5. El bien promueve la sana doctrina. El mal promulga sistemas de creencia torcidos.
6. El bien valora la comunidad. El mal aboga por el aislacionismo.
7. El bien valora la humildad. El mal lleva al elitismo.

La mayoría de estas comparaciones se explican por sí solas, pero en el número 3, donde digo que el mal "dibuja fuera de las líneas", me estoy refiriendo a la forma en que las malas interpretaciones de las Escrituras llevan a aplicarlas mal. La naturaleza humana es susceptible a la tentación de exagerar una verdad para inflar el ego, todo en el nombre de una saludable e "innovadora" curiosidad e innovación, por supuesto. Por ejemplo, conozco a un hombre muy dotado que persistía en dibujar fuera de las líneas de la sana doctrina. Cuando exploró las ideas de "hospedar ángeles sin saberlo" (ver Hebreos 13:2 RVR1960) y la *"multitud tan grande de testigos"* (Hebreos 12:1), se desvió. En vez de mantenerse arraigado en la Palabra y en la comunidad de su iglesia, siguió su curiosidad no santificada. Ahora está desviado enseñando que puede comunicarse con alienígenas de otros planetas.

A un nivel más común, podemos ser seducidos muy fácilmente a hacer exageraciones. De manera subconsciente, puede que queramos impresionar a otros, así que adornamos nuestras historias. O decimos con certeza algo que ha quedado bastante ambiguo en las Escrituras. En nuestra lucha por la relevancia personal, puede que intentemos casi cualquier cosa para parecer más espirituales que otras personas. Si alguien dice que vio un ángel, entonces el ángel que *yo* vi será más grande que el suyo, o más impresionante que Gabriel, o cualquier otra cosa.

Es mucho mejor evitar cualquier añadido, y expresar tus percepciones en términos adecuados. Apégate a la honestidad al calificar tus frases. Por ejemplo, quizá digas algo como: "En mi actual forma de pensar..." o "Comencé a sentir algo..." o "No estoy seguro de si esto es parte de una visión o no...". Es perfectamente razonable decir: "No sé exactamente lo que significa, pero esto es lo que experimenté", y lo que compartas no es menos creíble o valioso simplemente porque afirmes no entenderlo.

Nadie en el cuerpo de Cristo ha explorado el discernimiento a través del gusto y el olfato tanto como lo han hecho con el discernimiento mediante otras vías, así que es más fácil desviarnos o equivocarnos cuando intentamos interpretar el simbolismo en relación con estos sentidos. Por ejemplo, quizá pienses que estás oliendo a huevos podridos en el santuario de la iglesia; debe significar que hay algo podrido en la vida de la iglesia, ¿verdad? Bueno, es fácil confundir el olor con el olor del amoniaco, que es un poderoso agente de limpieza. ¿Cuál es la aplicación correcta? Dependerá de tu rol en la iglesia y la subsecuente guía del Espíritu Santo. No te precipites a sacar conclusiones solo porque una vez oíste a alguien interpretar un olor en concreto de cierta manera.

> CUANDO EJERCITAMOS EL DISCERNIMIENTO MEDIANTE EL GUSTO Y EL OLFATO, TENEMOS QUE CONFIAR EN LA ORACIÓN, EL TESTIMONIO INTERNO DEL ESPÍRITU SANTO, LOS PRINCIPIOS DE LA PALABRA DE DIOS, NUESTRAS EXPERIENCIAS ANTERIORES Y LA "PRUEBA DEL FRUTO".

Mantente humilde, siempre. Nunca podrás entenderlo todo. Por eso le sigues haciendo preguntas al Espíritu Santo. Por eso comparas notas con personas de tu confianza. Pruébalo todo. Confía en la oración, el testimonio interno del Espíritu Santo, los principios de la Palabra de Dios, tus experiencias anteriores y la "prueba del fruto": ¿Qué sale de esta revelación? ¿Confusión y temor, o gozo y paz? ¿Libertad o cautividad?

Por favor observa que, como con todos los demás dones espirituales, ningún individuo posee la capacidad de hacerlo todo igualmente bien. En lo tocante al discernimiento y sentir, las mujeres por lo general están más afinadas que los hombres, o al menos parecen ser sensibles a cosas distintas. No denigres la sensibilidad de otros a tu alrededor tan solo porque tú no puedas estar en la misma longitud de onda. Nos necesitamos unos a otros en el cuerpo de Cristo. Esposos y esposas se necesitan el uno al otro. Los equipos ministeriales se necesitan unos a otros. Debemos caminar juntos en cooperación, no en competición.

ALCANZAR UNA ESFERA MÁS ELEVADA

Cuando veas a creyentes maduros cuyos sentidos han sido activados de forma más plena que los tuyos, absorbe todo lo que puedas al observarlos en acción. Aplaude su integridad y sensibilidad; no pierdas el tiempo sintiendo celos de ellos. Recuerdo a un joven (¡para mí!) llamado Jerame Nelson que vive en California con su esposa y su familia. Cuando lo veo ministrando proféticamente, puedo creer de verdad que el "techo" espiritual de mi generación está sirviendo de "suelo" para la siguiente generación. Cuando él trae la verdad de Dios bajo un claro enfoque refrescante, o huele la dulce fragancia de la presencia del Señor, puedo saber que él es alguien que sabe cómo rendir sus sentidos al Espíritu Santo para permitirles que sean elevados. ¡Este hombre me inspira! En lo personal, quiero estar alineado con personas así, y colaborar con ellos para refinar la obra del Señor en nuestro tiempo.

Esto es especialmente importante porque, cuando se trata de emplear nuestros sentidos del gusto y el olfato o combinaciones de guías basadas en los sentidos, necesitamos toda la ayuda que podamos obtener. Quizá algunas personas tengan experiencias en estas áreas, pero una enseñanza profunda sobre ello es otra cosa. En la actualidad, quizá no somos capaces de conseguir de los recursos cristianos tanta información sobre este tema como nos gustaría, simplemente porque no ha sido un tema importante entre los maestros cristianos. Esto cambiará, no obstante, con el paso del tiempo, a medida que más líderes experimenten recibir revelación mediante sus sentidos y combinen sus experiencias y el conocimiento bíblico para desarrollar una enseñanza útil. Mientras tanto, te animo a buscar creyentes que piensen igual y que estén abiertos a las distintas formas en las que Dios quiere hablarnos, y a obtener más experiencia a la hora de discernir revelación, recordando pedir al Señor que confirme la revelación y que te dé sabiduría para aplicarla.

Los dones del Espíritu son como un arcoiris. Un color termina y empieza otro sin una clara demarcación. Así también ocurre con el discernimiento: recibimos la información espiritual de varias formas que se solapan, y llega mediante más de un sentido. Solo mediante una práctica dedicada podemos aprender a seguir al Espíritu de Dios con movimientos fluidos por la esfera de lo sobrenatural.

ORACIÓN DE UN CORAZÓN DISCERNIDOR

Espíritu Santo, dedo de Dios, te pido que me toques hoy. Señor, haz que tu Palabra escrita cobre vida en mí. Ilumínala y conviértela en una palabra *rema*, hablada y reveladora. Haz que también *yo* cobre vida. Mejora y eleva mis sentidos mediante los dones de tu Espíritu, tu unción y tu gracia, especialmente si algunos de ellos se han enturbiado. Quiero recibir y discernir tu revelación en mi vida. Quiero encontrarme contigo incluso aunque eso me lleve más allá de mis límites intelectuales y mi zona de comodidad.

Ayúdame a discernir no solo lo que me estás comunicando, sino también las actividades de otras fuerzas espirituales y naturales, al grado que demuestren ser útiles para tus propósitos. Ayúdame a saber cuándo y cómo compartir las revelaciones que me das.

Me presento a ti. Me falta entendimiento; ayúdame a confiar en tu entendimiento incluso en medio de circunstancias difíciles. Me apoyo en tu amor. Haz que me aferre a ti íntimamente todo el tiempo. En el precioso nombre de Jesús, amén.

6

CONOCER: EL SEXTO SENTIDO

"Porque ¿quién conoció la mente del Señor? ¿O quién podrá instruirlo? Pero nosotros tenemos la mente de Cristo".
— 1 Corintios 2:16 (RVC)

Me encontraba en lo alto de un precipicio observando el enojado Mar Adriático de febrero, preparándome para predicar en un centro comunitario en la ciudad de Shëngjin, Albania, donde el evangelio no se había predicado que se recuerde. No había edificios de iglesias para nuestras reuniones; esto era en 1992, poco después de la caída del comunismo allí. No tenía ni idea de lo que debía decir a esas personas tan oprimidas, así que salí a orar. "Señor, ¿qué tienes para estas personas de la antigua Albania?", pregunté.

Un nombre flotó por mi mente: "Sara".

"¿Qué? Pero ¿qué palabra tienes para estas personas esta noche?".

"Sara." ¿Eso es todo? No sentí nada especial. No recibí ninguna explicación. El nombre me vino una tercera vez: "Sara", solo el nombre de una mujer. Sabía que *Sara* no era ni siquiera un nombre albanés, y no pensaba que tuviera que ver con Sara, la esposa de

Abraham. Así que abandoné la idea y regresé a la habitación del hotel para prepararme para la reunión de la noche.

Esa noche tuve que empezar a predicar más pronto de lo esperado porque no había música, ni alabanza. No me pareció un buen comienzo. A través de mi intérprete, les dije a unas ciento veinte personas (todos ellos con sus abrigos puestos dentro porque estábamos en un edificio sin calefacción) algo de mí mismo, y mencioné la idea de que Dios nos hace libres.

No estábamos conectando. Entonces tuve un "conocimiento". Recordé el nombre de "Sara", me dirigí a mi traductor y dije: "¿Cómo se dice 'Sara' en albanés?".

"Sabrina", respondió él.

"¿Hay alguien aquí que se llame Sabrina?", le pregunté al grupo. Casi al final, una mujer levantó su mano.

No sabía qué hacer después, así que dije: "Sabrina, por favor, salga al pasillo". Ella lo hizo, y vi que llevaba un abrigo muy grueso. Esperaba que cuando saliera, podría recibir más del Espíritu Santo, pero no ocurrió. Así que le pedí que se acercara: "Sabrina, por favor, acérquese aquí al frente".

Aún no sabía qué más decir, así que le dije a mi intérprete: "Di esto: 'Tu nombre es Sabrina'" (aunque eso ya lo sabíamos). Después añadí: "Nunca has oído predicar el evangelio de Jesucristo en toda tu vida". No necesitaba una revelación divina para esa información. Nadie en toda la ciudad había oído nunca el evangelio. Yo solo estaba cebando la bomba.

Después comenzaron a llegar más conocimientos: "Y tienes treinta y dos años". *Oh, Dios, espero que esté en lo correcto.* Ella asintió con la cabeza. Yo añadí: "Y tienes un tumor en tu seno izquierdo, y Jesús quiere sanarte". Hubo bastante agitación entre la multitud. Aparentemente eso era en cierto modo de conocimiento común para las personas en la sala.

El temor del Señor vino sobre ese lugar: asombro y maravilla. Sabrina estaba perpleja, por decir lo menos, y fue salva allí mismo, al igual que otros que la siguieron. Cada una de aquellas preciosas personas experimentó un "encuentro con Dios". Para mí, fue una prueba de abrir un nuevo territorio para el evangelio de Jesucristo, ¡de forma verdaderamente apostólica!

Eventualmente, todos se fueron a casa a dormir, pero ese no es el final de la historia. Tres de nosotros teníamos que ir a la ciudad en la que nos alojábamos. Intentamos subirnos a un taxi, aunque era una noche oscura y lluviosa y los automóviles eran escasos en Albania. Un auto se detuvo. Se me cruzó por la mente que aquello era como cuando Felipe se subió en el carro en el libro de Hechos (ver Hechos 8:26-40). Me subí en el asiento delantero, y comencé a contarle al conductor las cosas tan emocionantes que acababan de ocurrir en el centro comunitario.

De repente, él comenzó a temblar, ¡porque Sabrina era su esposa! Él era musulmán, y nunca antes había oído el evangelio tampoco. Cuando llegamos a nuestro destino, él también había sido salvo. A veces me pregunto qué sucedería después esa noche cuando regresó a casa con su esposa.

SENCILLAMENTE CONOCER

Me gusta usar la ilustración anterior porque es un ejemplo excelente de cómo opera el sentido del conocer. El nombre "Sara" de algún modo flotó en la superficie de mi mente, como los otros "conocimientos" de esa noche. No oí, vi, toqué, ni olí nada. Tan solo lo supe. Conocer es como un sexto sentido.

Este método de recibir revelación podría parecernos fuera de lo común, pero no nos deberíamos sorprender de que las cosas operen de esta manera. A fin de cuentas, como acabas de leer en el versículo del comienzo de este capítulo, *"tenemos la mente de Cristo"*. Todos los creyentes tienen la mente de Cristo. Eso significa que tanto tú como yo la tenemos. Eso me incluía a mí cuando estaba de pie frente al Mar Adriático en 1992, y eso te incluye a ti que estás sentado en tu silla leyendo estas palabras ahora mismo. A decir verdad, esto no significa que tú o yo tengamos la mente de Cristo en su totalidad, lo cual sería imposible. Pero juntos, como miembros del cuerpo de Cristo, podemos empezar a tener sus pensamientos. Yo tengo un aspecto de la mente de Cristo y tú tienes otro aspecto. Dependemos los unos de los otros.

Hace un par de décadas, este conocimiento sobrenatural se solía llamar "recibir impresiones". Recuerdo que me dijeron una vez: "Da expresión a la impresión", y esa terminología me parece útil hasta hoy, ya que las impresiones son destellos fugaces, y así es como llega a nosotros este tipo de conocer; las impresiones, digamos que destellan en la pantalla de tu mente. Y si de algún modo no captas una impresión, enseguida pasará al olvido.

Puede ser en forma de una premonición o guía: *Estoy en el lugar correcto en el momento correcto*. Puede ser como un sentimiento de "déjà vu": *Eh, ¡esto yo lo he visto antes! He oído esto antes. He experimentado esto antes. Creo que en verdad sé algo acerca de esto.*

De repente lo sabes, y lo sabes con seguridad, y sabes que Dios lo puso en tu mente. Crea un tipo de confianza en Dios que no te dabas cuenta que te faltaba.

> CREA UNA APERTURA PARA RECIBIR REVELACIÓN, Y DESARROLLA UNA DISPOSICIÓN A RETENERLA.

Es demasiado fácil ignorar estas cosas. Como ocurre con la impresión de "Sara", los conocimientos no siempre parecen tener sentido, y pueden ocurrir cuando menos te lo esperes. Debes volverte intencional con respecto a recordarlos, igual que eres intencional para recordar tus sueños cuando te despiertas. Nunca te encontrarás con un gran ángel que te diga: "¡Recuerda esto!" (al menos a mí nunca me ha ocurrido). En tu vida tienes que crear una apertura para recibir esa revelación, así como desarrollar una disposición a retenerla.

¿UN "CONOCIMIENTO" O UN PENSAMIENTO FORTUITO?

¿Cómo podemos distinguir entre un conocimiento espiritual enviado por Dios y un pensamiento fortuito generado por nuestra imaginación hiperactiva? Recomendaría pedirle confirmación a Dios. La confirmación podría adoptar varias formas, por ejemplo, una mención repetida de las mismas palabras. Dios siempre parece confirmar las palabras mediante el testimonio de dos o tres testigos, y Él confirma sus ideas a lo largo de toda la Biblia (ver, por ejemplo, Deuteronomio 19:15; Juan 8:13-18; 2 Corintios 13:1).

¿Qué ocurre si intentas recordar el conocimiento, pero se te olvida? Yo diría: "Relájate y confía". No te apoyes en tu propio entendimiento. Confía en que si recibiste un conocimiento genuino de algún tipo, Dios lo traerá de nuevo a tu mente en el momento adecuado. La Palabra de Dios nunca vuelve a Él vacía, como escribió Isaías:

> *Porque mis pensamientos no son vuestros pensamientos, ni vuestros caminos mis caminos, dijo Jehová. Como son más altos los cielos que la tierra, así son mis caminos más altos que vuestros caminos, y mis pensamientos más que vuestros pensamientos. Porque como desciende de los cielos la lluvia y la nieve, y no vuelve allá, sino que riega la tierra, y la hace germinar y producir, y da semilla al que siembra, y pan al que come, así será mi palabra que sale de mi boca; no volverá a mí vacía, sino que hará lo que yo quiero, y será prosperada en aquello para que la envié.* (Isaías 55:8-11 RVR1960)

Dios, que plantó el pensamiento en tu mente, hará que la revelación dé fruto. "*Estando persuadido de esto, que el que comenzó en vosotros la buena obra, la perfeccionará hasta el día de Jesucristo*" (Filipenses 1:6 RVR1960). Por el camino, puede que Él decida revelarte obstáculos que están dificultando que retengas lo que Él te muestra.

Recuerda que un "conocimiento" es solo un destello, un pequeño pensamiento de la mente de un Dios infinito; no es todo un párrafo, o una tesis, o un libro. Cuando recuerdes la palabra o concepto clave, puede que aparezcan algunos detalles más, pero tú no eres responsable de más de la pequeña cantidad de conocimiento de Dios que tengas.

TÚ PUEDES TENER LA MENTE DE CRISTO

Incluso antes de que Jesús apareciera en carne, Dios manifestó su conocimiento y sabiduría mediante ciertos individuos. Por ejemplo, recordemos a los hijos de Isacar:

De los hijos de Isacar, doscientos principales, entendidos en los tiempos, y que sabían lo que Israel debía hacer, cuyo dicho seguían todos sus hermanos. (1 Crónicas 12:32)

Hoy es de vital importancia para la iglesia encontrar personas que entiendan los tiempos y que sepan lo que deberían hacer los líderes. Muchas personas proféticas reciben discernimiento sobre los tiempos y las épocas, pero solo unos pocos saben qué hacer con esa información. Este es el tipo de conocimiento que llamamos "sabiduría".

Observando la vida de Jesús en las Escrituras, podemos ver con más claridad cómo es la mente de Cristo, y hacia lo que podemos apuntar. En los Evangelios leemos:"*Y conociendo Jesús los pensamientos de ellos, dijo: ¿Por qué pensáis mal en vuestros corazones?*" (Mateo 9:4 RVR1960). Él sencillamente conocía lo que pensaban las personas. *"Y Jesús, percibiendo los pensamientos de sus corazones, tomó a un niño y lo puso junto a sí..."* (Lucas 9:47 RVR1960). Él conocía lo que el Padre estaba pensando también: *"sabiendo Jesús que el Padre le había dado todas las cosas en las manos, y que había salido de Dios, y a Dios iba..."* (Juan 13:3 RVR1960).

Debemos llegar a un punto en nuestras vidas en el que las pequeñas (o incluso las grandes) decepciones o interrupciones no nos saquen de la pista, porque tenemos la mente de Cristo. Tenemos que estar tan cerca de Él que podamos pedirle guía, o paz, o gracia, o sabiduría. Ese es el estilo de vida de un discípulo que vemos bosquejado en el Nuevo Testamento. Piensa en los siguientes versículos; solo leámoslos juntos en voz alta:

> *Si a alguno de ustedes le falta sabiduría, pídasela a Dios, y él se la dará, pues Dios da a todos generosamente sin menospreciar a nadie. Pero que pida con fe, sin dudar, porque quien duda es como las olas del mar, agitadas y llevadas de un lado a otro por el viento. Quien es así no piense que va a recibir cosa alguna del Señor; es indeciso e inconstante en todo lo que hace.* (Santiago 1:5-8)

> *No tienen, porque no piden.* (Santiago 4:2)

> *Pero gracias a Dios ustedes ahora son de Cristo Jesús, a quien Dios ha constituido como nuestra sabiduría, nuestra justificación, nuestra santificación y nuestra redención,* **31** *para que se cumpla lo que está escrito: «El que se gloría, que se glorie en el Señor».* (1 Corintios 1:30-31 RVC)

> *Porque ¿quién conoció la mente del Señor? ¿O quién podrá instruirlo? Pero nosotros tenemos la mente de Cristo.* (1 Corintios 2:16 RVC)

Por eso les digo: Crean que ya han recibido todo lo que estén pidiendo en oración, y lo obtendrán. (Marcos 11:24)

> HOY ES DE VITAL IMPORTANCIA PARA LA IGLESIA ENCONTRAR PERSONAS QUE ENTIENDAN LOS TIEMPOS Y QUE SEPAN LO QUE DEBERÍAN HACER LOS LÍDERES.

Cuando ores a Dios pidiéndole ayuda, personalízalo: "Señor, me falta _____. Tú tienes un vasto arsenal, y está a mi disposición a través de Cristo Jesús". Sé específico. Descansa tranquilo sabiendo que Él te ha oído. Espera pacientemente, y creyendo con apertura y receptividad.

Recibimos de diferentes formas en diferentes momentos. Una impresión podría surgir en tu corazón e iluminarse en la pantalla de tu mente. O un pasaje de las Escrituras podría captar tu atención y llevarte a emprender la acción. Tú ora: *Oh, bueno, Señor. ¿Quieres que estudie para presentarme aprobado?*[17] ¿Te refieres a que debería recibir algo de entrenamiento en _____? Y Él responde: "Así es" (esa sensación de concurrencia y aprobación también es un conocimiento).

El proceso es sobrenatural, y es un poco esquivo, pero no es extremadamente místico ni raro. Es solo tu vida con el Espíritu Santo. Y con práctica, se puede convertir en sobrenaturalmente natural. Tú también puedes ser un discernidor del bien y del mal.

CONOCIMIENTOS Y LOS DONES DEL ESPÍRITU

En mi libro *Cómo liberar los dones espirituales hoy* destaqué los dones del Espíritu Santo, que incluyen nueve muy importantes:

---
17. Ver 2 Timoteo 2:15.

discernimiento de espíritus, palabra de sabiduría, palabra de conocimiento, fe, dones para sanar enfermos, hablar en diversas lenguas, interpretar lenguas, profecía y poderes milagrosos (ver 1 Corintios 12:8-10). El sexto sentido del conocimiento puede entrar en juego apoyando cualquiera de los dones, más obviamente con el don de palabra de conocimiento.

Una palabra de conocimiento responde a preguntas de otras personas de las que quizá ni siquiera conozcas. Una palabra de conocimiento no tiene que ver contigo (porque tú ya conoces tus propias preguntas, y muchas de las respuestas). Estas palabras pueden ser bastante específicas, dando nombres, fechas, lugares y otros detalles convincentes que tan solo Dios podría saber. Vienen a través del ver, oír y otros tipos de sentidos, y mediante tus pensamientos, mediante el conocer.

Por ejemplo, una vez estaba yo ministrando a personas en una sala trasera de la iglesia Anaheim Vineyard cuando un hombre entró para su cita ministerial. No llevaba un letrero con su nombre, y no nos habían informado de él previamente, pero vi el nombre "Steve" escrito sobre su cabeza en el aire. Entonces supe, no sé cómo lo supe, pero lo supe, que Steve no era su nombre. A veces cuando esto ocurre, puedes probar amablemente a la persona para contrastarlo, haciendo preguntas como: "¿El nombre ‹Steve› significa algo para usted?". Pero esta vez yo sentía con bastante seguridad que debía recibir la respuesta del Espíritu. Internamente comencé a hacer preguntas del tipo qué, cuando y cómo al Espíritu Santo. Me preguntaba si algún pasaje de la Palabra podría ayudar a esclarecer las cosas. Pensé en posibles problemas con los que él podría estar lidiando. Después, de la nada, apareció otro conocimiento flotando: *Ah, Steve es su supervisor espiritual*. Junto a eso llegó la sugerencia de una pregunta: ¿Durante cuánto tiempo tiene que estar bajo Steve?

Así que entablé la conversación con ese hombre. "Veo el nombre de 'Steve' escrito sobre su cabeza, pero su nombre no es Steve, ¿cierto?".

"Sí".

"Sé que usted es del estado de Ohio y que ha venido con una pregunta. Steve es su supervisor, su líder, y usted quiere avanzar a otra cosa. Se pregunta: '¿Cuánto tiempo tengo que estar bajo Steve'?".

Sus ojos se abrieron como platos. Me dijo que justo antes de entrar a la sala, había dicho esas mismas palabras a su amigo: "¿Cuánto tiempo tengo que estar bajo Steve?".

Entonces lo miré y le di la respuesta: "Tiene que darle un año más, y después lo sabrá; entonces quedará libre para irse por su cuenta". Añadí que sentía que otra persona le daría su propio ministerio, pero que aún no era el tiempo. Mientras tanto, tenía que servir fielmente bajo Steve.

Ese tipo de conocimiento no sucede frecuentemente, pero un testimonio tan drástico como este sirve para ilustrar cómo opera el don palabra de conocimiento, junto a los sentidos de conocer, sentir y ver.

De forma similar, la operación de otros dones puede mejorarse con el sentido del conocimiento. En la historia de Sabrina, yo diría que operó el don de profecía para dar palabras de ánimo que edificaron a las personas que las escucharon.

El don de fe a menudo se recibe también mediante los conocimientos. El don de fe es como tener una porción de la fe de Dios, una infusión sobrenatural de confianza en Dios. Oral Roberts solía decir: "Sé que sé que sé que sé". Los conocimientos te dan un sentimiento profundo del que no te puedes librar. Quizá no sepas cómo expresarlo. No oyes, ni ves ni hueles nada. Sencillamente lo sabes. De forma similar, los conocimientos pueden ayudarte a usar el don de discernimiento de espíritus. Puedes percibir la motivación del espíritu detrás de cualquier manifestación que estés observando con tus otros sentidos.

CAMINAR EN INTELIGENCIA DIVINA

Hice un seminario web con Patricia King sobre acceder a la inteligencia divina: ideas, revelaciones, soluciones y estrategias de Dios. Lo anunciamos en nuestras respectivas páginas web de enseñanza.[18] Mucho de lo que comparto en el seminario viene de estudiar la vida de Daniel.

Como leemos en el primer capítulo del libro de Daniel, refiriéndose al joven Daniel y sus compañeros: *"A estos cuatro muchachos Dios les dio conocimiento e inteligencia en todas las letras y ciencias; y Daniel tuvo entendimiento en toda visión y sueños"* (Daniel 1:17 RVR1960). Ellos no recibieron este conocimiento e inteligencia porque lo habían aprendido; tampoco habían estudiado para obtenerlo. Estudiaron en el programa de entrenamiento de liderazgo establecido por el rey de Babilonia, pero su nivel excepcional de conocimiento e inteligencia era un puro don de Dios. Y no fue solo Daniel, que terminó siendo el más conocido de los cuatro, quien lo recibió. Dios se lo dio a cada uno de ellos. Su conocimiento e inteligencia hicieron posible que los cuatro exiliados de Judá florecieran en la corte de Nabucodonosor.

Daniel entendió de dónde venían sus habilidades. Un ángel que después le trajo la profecía a Daniel afirmó: *"mas el pueblo que conoce a su Dios se esforzará y actuará"* (Daniel 11:32 RVR1960). En ese tiempo, Daniel recibió un pequeño anticipo del futuro y le dijeron que el conocimiento solo aumentaría cuando él ya no estuviera: *"Pero tú, Daniel, mantén estas palabras en secreto y sella el libro hasta el tiempo del fin. Muchos correrán de un lado para otro, y la ciencia irá en aumento"* (Daniel 12:4 RVC).

Yo solía creer que este versículo se refería tan solo a una categoría de conocimiento. Pensaba que significaba que las personas finalmente tendrían la imprenta de Gutenberg, enciclopedias y la Internet. Por supuesto, en cierta medida, eso es lo que significa,

---

18. Ver www.XPMedia.com y www.GodEncounters.com

pero también podría tener que ver con lo que Isaías llamaba el *"espíritu de conocimiento"* cuando escribió sobre siete "espíritus", o atributos, de Dios, de los que Él da porciones a su pueblo como dones y gracias: el Espíritu del Señor, el espíritu de sabiduría, el espíritu de inteligencia, el espíritu de consejo, el espíritu de fuerza opoder, el espíritu de conocimiento, y el espíritu de temor del Señor (ver Isaías 11:1-3 RVR1960). Con respecto al espíritu de conocimiento, sin plantear la pregunta de manera dogmática, ¿podría ser no tan solo que el conocimiento estará más disponible para más personas según avanza el tiempo, sino que también el conocimiento revelador aumentará, especialmente a medida que los últimos tiempos se van acercando?

Este tipo de conocimiento no simplemente llena nuestra mente con más información. Más bien, nos da fe y esperanza: *"Nosotros que somos del día, por el contrario, estemos siempre en nuestro sano juicio, protegidos por la coraza de la fe y del amor, y por el casco de la esperanza de salvación"* (1 Tesalonicenses 5:8). Como la expectativa positiva del bien, la esperanza tiene que ver con nuestra mente, nuestros pensamientos. La esperanza aporta soluciones a nuestras preguntas. Los conocimientos y la inteligencia divina hacen que podamos vivir en esperanza y dar esperanza.

Tenemos que ser embajadores de esperanza, llevando soluciones de esperanza al mundo a medida que los últimos tiempos se siguen desplegando. Como lo expresé en mi libro, *Finding Hope* (Encontrando esperanza): "El mundo necesita creyentes apasionados que hayan superado obstáculos gigantes y que puedan mostrar el camino de esperanza. Los embajadores de esperanza conocen la esperanza en su interior y la muestran. Respiran esperanza, viven esperanza, muestran esperanza e iluminan su esfera de influencia con esperanza".[19]

---

19. James W. Goll, *Finding Hope* (Racine, WI: BroadStreet Publishing Group, 2015), p. 154.

Yo quiero ser alguien que discierna los tiempos y las épocas, que camine con inteligencia divina y que ofrezca soluciones de esperanza. Creo que Dios te está invitando a unirte a mí en el viaje. Yo quiero ser un hijo de Isacar en mi generación, y ayudar a criar más hijos e hijas en la fe.

> LOS CONOCIMIENTOS Y LA INTELIGENCIA DIVINA HACEN QUE PODAMOS VIVIR EN ESPERANZA Y DAR ESPERANZA.

ALCANZAR UNA ESFERA MÁS ELEVADA

A medida que empezamos a oír la voz de Dios con más claridad mediante nuestros sentidos, corremos el riesgo de caer en el orgullo, lo cual inmediatamente cerrará el fluir del cielo. Si eso ocurre, vemos que debemos fabricar sentimientos y pensamientos que solían brotar del Espíritu Santo. Tendemos a apagar las marcas y comprobaciones espirituales, y a confiar en nosotros mismos.

La cura es sencilla: humildad. Reconocer que eres especial para Dios tan solo porque Él te creó y te ama incondicionalmente, no por tus increíbles dones y asombrosas ideas.

Recuerda siempre la verdad principal y clara: Dios es bueno. Siempre. Él no intimida a las personas, ni te pisa el cuello como un capataz. Cuando las dificultades te asaltan, no es porque Él te esté castigando sin piedad. Él siempre quiere mostrarte un camino claro.

También, no olvides la importancia de tener descanso y paz. No puedes servir a Dios a un ritmo trepidante durante mucho tiempo, y tu ruido interno acallará su suave voz. Los conocimientos saldrán a la superficie tan solo si no estás chapoteando en el agua, temeroso de hundirte debido a tus circunstancias. Dios es mucho mayor que cualquier problema que puedas enfrentar, y Él no está preocupado en lo más mínimo. Él no tiene las manos sudorosas; Él no está estrujando sus manos en el cielo, temiendo por la falta de soluciones. De nuevo, la revelación del cielo produce soluciones esperanzadas a los problemas de la tierra.

Dios no espera que todas las personas tengan una plataforma ministerial o algún tipo de ministerio extenso de oración. Incluso quienes tienen un ministerio público no viven cada momento en la cima. Quizá eres una mamá con seis hijos. Quizá eres un padre soltero. No tienes el tiempo o los recursos para ir a reuniones y conferencias lejos de donde estás. No pasa nada. A Dios le encanta cuando estás lavando platos. Le encanta cuando estás horneando algún pastel. Le encanta cuando estás conduciendo al trabajo. Le encanta cuando te sientas en tu silla y crees que no estás haciendo nada, pero estás contento, y has acallado tu alma. *"Porque el reino de Dios [es] justicia, paz y alegría en el Espíritu Santo"* (Romanos 14:17). *"Y la paz de Dios, que sobrepasa todo entendimiento, cuidará sus corazones y sus pensamientos en Cristo Jesús"* (Filipenses 4:7).

Recuerda siempre que servimos a un Dios bueno, muy bueno, y que Él tiene buenos dones para ayudar a sus hijos a crecer en discernimiento dondequiera que se encuentren. Él quiere que crezcas en recibir y discernir revelación. Es parte de tu herencia, ¡de tu primogenitura!

ORACIÓN DE UN CORAZÓN DISCERNIDOR

Padre celestial, en el nombre de Jesús te presento mi mente. He aprendido de tu Palabra que no tengo porque no pido. Por lo tanto, admito ahora mi necesidad y declaro que tú eres mi proveedor. Te pido que tus pensamientos y tu sabiduría divina sean liberados en mi mente. Te pido un aumento de tu paz que sobrepasa todo entendimiento, para que pueda relajarme y entrar en un nuevo nivel de conocimiento que tú quieres mostrarme.

Rindo al Espíritu Santo mi mente física y mi mente espiritual, y me pongo el casco de la esperanza. Quiero rebosar y estar efervescente con la vida de Dios. Gracias por darme un sexto sentido, una capacidad de conocimiento que va más allá de mi propia capacidad natural. Por la gracia de Dios, creo que estoy recibiendo un aumento de tu revelación en mi corazón y en mi mente. Por Cristo Jesús, amén.

SECCIÓN DOS:
DISCERNIR LA REVELACIÓN

No toda la revelación viene de Dios, y ni siquiera todo lo que parece ser espiritual viene del Espíritu Santo. Por eso tenemos que aprender no tan solo a recibir la revelación, sino también a discernir las diferencias esenciales entre la voz de Dios, la voz de Satanás y las voces de nuestra propia mente. En los seis capítulos siguientes aprenderás a distinguir lo que estás sintiendo para que no seas engañado.

El capítulo siete trata sobre "probar los espíritus". El mundo sobrenatural invisible que nos rodea está poblado tanto de ángeles como de demonios, y a los seres humanos no se nos da bien saber la diferencia entre los espíritus buenos y los malos. En este capítulo refuerzo puntos fundamentales cruciales tales como saber cómo convertirse en una persona centrada en Dios y la importancia de honrar la autoridad que Dios ha puesto en tu vida para tu protección. También aporto nueve pruebas bíblicas cruciales para la revelación.

El capítulo ocho te ayuda a eludir el engaño espiritual. "Estar avisado es estar armado", y te armo para la batalla diciéndote con qué cosas debes tener cuidado. Explico cómo puedes saber la identidad de los espíritus malignos y cómo permitir que la luz de Dios exponga al enemigo.

El capítulo nueve, que trata sobre exponer las influencias demoniacas, cubre el proceso práctico de discernir estos efectos y liberar del enemigo a personas. He concentrado mi atención en las influencias demoniacas más comunes, y a menudo más sutiles, incluyendo el espíritu religioso, el espíritu político, el espíritu de temor e intimidación y el espíritu del anticristo.

El capítulo diez te muestra cómo evitar las trampas de Satanás. Por ejemplo, la mayoría hemos luchado con el problema de la pretensión, fingir ser que soy otro para conseguir la aprobación de los demás. Aunque esto parece aportarnos recompensas, la pretensión es claramente una trampa que impedirá la percepción espiritual. Otras trampas satánicas también deben ser expuestas para evitarlas, como la falsa autoridad y el espíritu de ofensa.

El capítulo once describe cómo la cultura de sabiduría y fe de la iglesia hace que sea un lugar seguro para todos. La victoria que vence al mundo es nuestra fe, pero nuestra fe a menudo es probada. Necesitamos lugares seguros a donde ir, en los que la fe y el discernimiento de otros pueden apuntalarnos. Viviendo las verdades fundamentales que predicamos, podemos crear una cultura de fe en nuestras iglesias.

El capítulo final muestra la revelación más gloriosa de todas: la encarnación. Al permitirnos recibir su revelación y discernir sus mensajes en medio del caos de muchas voces que compiten por hacerse oír, Jesús nos empodera para convertirnos en una revelación de su presencia en el mundo. El cristianismo encarnado es el testimonio más fuerte de todos en este mundo oscuro. Al recibir y discernir la revelación de Dios, brillamos con la luz de Dios en las tinieblas.

7

PROBAR LOS ESPÍRITUS: "NO CREÁIS A TODO ESPÍRITU"

"Amados, no creáis a todo espíritu,
sino probad los espíritus si son de Dios; porque muchos
falsos profetas han salido por el mundo".
— 1 Juan 4:1 (RVR1960)

Los primeros seis capítulos de este libro tienen que ver con rendir tus sentidos al Espíritu Santo para recibir mejor la revelación, y han hablado de la idea de verificar la confiabilidad de lo que recibas, pero ahora tenemos que zambullirnos de cabeza. Debemos echar un vistazo detallado a cómo aprender a decidir, a veces de forma instantánea, qué hacer con las varias formas de revelación que recibimos. Recuerda: es por la práctica como aprendes a discernir el bien y el mal, y tal discernimiento es sumamente importante en los días en los que vivimos.

¡NO SEAS INGENUO!

No toda revelación viene de Dios, y ni siquiera todo lo que parece espiritual viene del Espíritu Santo. Como deja claro el versículo lema de este capítulo, es imperativo que aprendamos a "*probar los espíritus*" para determinar si están sirviendo a Dios o al enemigo. ¡No seas ingenuo! La realidad sobrenatural invisible está poblada por ángeles y demonios, y los seres humanos somos destacadamente malos a la hora de saber la diferencia entre los espíritus buenos y los malos.

Solo las personas ingenuas se creerán todo lo que se cruce por su pantalla. Satanás está siempre al acecho sin dejarse ver, maquinando maldades contra el pueblo de Dios, y no debemos ser ignorantes de sus artimañas (ver 1 Pedro 5:8; 2 Corintios 2:11). A él le encanta especialmente engañar a las personas que están intentando aprender a recibir revelación de Dios. Adelantémonos a eso, ¿de acuerdo?

Date cuenta de que no puedes eludir al enemigo tan solo fingiendo que no está ahí, porque sí está. Lo encontrarás en cada esquina. Durante el transcurso de tu vida serás expuesto a gran cantidad de maldad, y quizá incluso necesites aprender algo de ello. Pero no tienes que creerlo todo. Para mantenerte limpio, tienes que descubrir cómo discernir la diferencia entre las obras del diablo, las obras de Dios, y todo lo que hay en el medio.

Me he tropezado con personas que se abstienen de probar los espíritus, diciendo: "Bueno, no quiero ofender al Espíritu Santo". ¿Qué? Imagino que piensan que a Dios le molestaría si ellos sospecharan de algo que puede o no originarse en Él. Ese tipo de razonamiento no tiene fundamento bíblico. Mira las Escrituras. Los falsos profetas son reales, y Dios quiere que los rechaces. Él quiere que estés alerta y pruebes los espíritus. Él quiere ayudarte a hacer eso, y tus errores no le preocupan. Él se agrada cuando tú aprendes a distinguir bien, y acudes a Él buscando guía y sabiduría.

Otras personas pueden leer el versículo de arriba sobre probar los espíritus y ponerse un poco nerviosas con el hecho de tratar con poderes malignos. "¿Probar todos los espíritus? Ni hablar. No quiero arriesgar mi bienestar llamando a los demonios de Satanás. ¡Por favor, no me pidas hacer eso!". Para ellos, solo puedo citar las palabras que Pablo escribió al "tímido Timoteo": *"Porque no nos ha dado Dios un espíritu de cobardía, sino de poder, de amor y de dominio propio"* (2 Timoteo 1:7 RVC). No hemos recibido un espíritu de intimidación o esclavitud, sino un espíritu de valor, eficacia y amor. Confía en que el Espíritu Santo cuidará de ti cuando confrontes el mal. Pon tu confianza en el Dios que puede protegerte y que librará a todo aquel que invoque su nombre (ver Joel 2:32).

No significa que cada palabra errónea venga directamente de la boca del diablo. Parte de ello es algo parecido al correo basura: no tiene mucho valor, pero tampoco es especialmente dañino. De nuevo, necesitas discernimiento para saber si una palabra es de Dios, de Satanás, o una mezcla procedente de una mente humana. Recuerda: no tienes que discernir y probar los espíritus solo; siempre tienes al Espíritu Santo ayudándote. Relájate y deja que Él te muestre qué hacer.

> NO HEMOS RECIBIDO UN ESPÍRITU DE INTIMIDACIÓN O ESCLAVITUD, SINO UN ESPÍRITU DE VALOR, EFICACIA Y AMOR.

LO ELEMENTAL DEL DISCERNIMIENTO

Algunos puntos clave fundamentales son necesarios antes de pasar a los detalles. El más básico de todos: *Ser una persona centrada en Dios*. Ir en pos de Dios más que ir a cazar demonios. Aunque tengas un ministerio de liberación, no deberías estar centrado en los demonios, sino centrado en Dios.

Como persona centrada en Dios, adora según tu corazón. No solo debería ser tu respuesta natural a su grandeza, sino que puedes esperar una nueva limpieza y llenura de su Espíritu cuando adoras. Cuando adoras su majestad, ¡Su Majestad te visitará!

Alábale. Derrama ante Él tu corazón. Póstrate ante Él. Danza ante Él. Disfruta de su presencia. Entonces será mucho más sencillo tanto reconocerlo a Él, como discernir algo que no es de Dios.

Otro discernimiento clave básico tiene que ver con las figuras de autoridad en tu vida. Los cristianos que siguen a sus líderes ciegamente en el nombre de la debida sumisión se exponen a ser engañados. Pregúntate: "¿Le he entregado a otra persona el poder de tomar mis propias decisiones?". En caso afirmativo, ya te has apartado de recibir dirección de Dios mismo, y es probable que te veas en problemas en algún momento. Los líderes confiables te apuntan a Dios, no a ellos mismos. Las figuras de autoridad responsables nunca necesitan hacerte sentir que son indispensables para tu bienestar.

Ahora bien, es cierto que las Escrituras nos dicen que nos sometamos a los que están en autoridad sobre nosotros (ver, por ejemplo, Romanos 13:1-2; Hebreos 13:17; 1 Pedro 2:13-14). ¿Cómo puedes hacer concordar esa instrucción con lo que dije hace un momento? Podemos entender mejor qué es una sumisión adecuada a la autoridad si observamos la forma en que personas fiables en la Biblia lo modelaron. Daniel, por ejemplo, se sometió a todo lo que se esperaba de él como exiliado en la corte del rey de Babilonia, a menos que le hiciera transgredir el claro mandamiento de Dios. Por lo tanto, no se postró ante ningún dios falso ni siquiera bajo amenaza de muerte, pero se sometía a casi todo lo demás que se pedía de él. Y cuando objetaba algún mandato real, lo hacía con mucho respeto (ver, por ejemplo, Daniel 1:6-16).

Jesús sabía que el sistema de impuestos romano era injusto, pero siguió pagando sus impuestos (ver Mateo 17:24-27). Además, Pedro y Juan mostraban respeto a las autoridades y las obedecían, salvo cuando hacerlo les hacía desobedecer a Dios, como vemos en su respuesta al sanedrín:

Los llamaron y les ordenaron terminantemente que dejaran de hablar y enseñar acerca del nombre de Jesús. Pero Pedro y Juan replicaron: — ¿Es justo delante de Dios obedecerlos a ustedes en vez de obedecerlo a él? ¡Júzguenlo ustedes mismos! Nosotros no podemos dejar de hablar de lo que hemos visto y oído. (Hechos 4:18-20)

Daniel, Jesús, Pedro y Juan, honraron a quienes tenían autoridad humana sobre ellos, pero honraron a Dios primero y por encima de todo. Tú puedes honrar siempre, pero no siempre tienes que obedecer. Por ejemplo, si te has sometido voluntariamente a una figura de autoridad como un pastor, eres libre para irte si lo deseas, siendo firme, pero respetuoso.

Si te resulta difícil honrar a una figura de autoridad particularmente indigna, te recomiendo que ores por esa persona. Pablo escribió: *"Exhorto ante todo, a que se hagan rogativas, oraciones, peticiones y acciones de gracias, por todos los hombres; por los reyes y por todos los que están en eminencia, para que vivamos quieta y reposadamente en toda piedad y honestidad"* (1 Timoteo 2:1-2 RVR1960). Sabemos que la mayoría de los líderes políticos y religiosos del tiempo de Pablo eran hombres poco honorables, y a la vez Pablo recomendó honrarlos orando por ellos. Esas oraciones tienen el beneficio añadido de cambiar también nuestro corazón.

PUNTOS DE PODER DEL DISCERNIMIENTO

Mientras aprendes a probar los espíritus, recuerda esto: *hay poder al declarar la Palabra de Dios*. Pruébalo. Lee las Escrituras en voz alta. Repite una de las promesas de Dios. Verás cómo las tinieblas quedan expuestas por la luz. Mientras más lo hagas, desde tu corazón, más autoridad descubrirás detrás de esta disciplina espiritual. ¡Debemos recordar que somos parte de un reino que se activa verbalmente!

Además, *hay poder en el perdón*. Cuando no perdonamos a nuestro hermano de corazón, según las enseñanzas de Jesús, somos entregados a "los verdugos" (ver Mateo 18:23-35 RVR1960). En otras palabras, somos castigados por espíritus malignos y pensamientos malvados. El perdón debe obrar en ambas direcciones, vertical y horizontal a la vez. Ya sea que recibamos o demos perdón, estamos limpiando el camino para que venga el Rey en gloria. Además de libertad del asedio de espíritus malvados, un discernimiento más claro es un subproducto maravilloso del perdón.

Lo más importante de todo es que *hay poder en la cruz, en el nombre y en la sangre de Jesús*. Esto va junto al recordatorio de adorar que mencioné antes. Cuando adoras a Jesús y exaltas su nombre, terminas alabándolo por el poder de su sangre derramada. Esta verdad fue sellada en mi corazón durante el movimiento de *Jesus People*, cuando escuché a Derek Prince decir: "El camino de la cruz lleva a casa". Así de simple. Así de completo.

Cuando Jesús estaba muriendo en la cruz y dijo:*"consumado es"* (Juan 19:30), quiso decir que estaba a punto de expirar, pero también que su propósito para venir a la tierra como Hombre y sufrir tanto, había sido conseguido. Había hecho lo imposible; había cerrado la brecha entre la humanidad saturada de pecado y la pureza del cielo. Había derrotado a Satanás, a la enfermedad y a la muerte. Todo lo que cada uno de nosotros pudiera necesitar jamás, Él lo obtuvo en la cruz. Fue el único que podría haberlo hecho. Su obra fue perfecta y completa, y a través de Él podemos derrotar todos los poderes del enemigo (ver Lucas 10:19). "La Cruz", eso lo dice todo.

> HAY PODER AL DECLARAR LA PALABRA
> DE DIOS, EN EL PERDÓN Y EN LA CRUZ,
> EN EL NOMBRE Y LA SANGRE DE JESÚS.

PROBAR LOS ESPÍRITUS: BÍBLICO Y NECESARIO

Versículo tras versículo, se nos insta a probar los espíritus. Aquí te doy un par de ejemplos:

No menosprecien las profecías. Examínenlo todo; retengan lo bueno. (1 Tesalonicenses 5:20-21 RVC)

Queridos hermanos, no crean a cualquiera que pretenda estar inspirado por el Espíritu, sino sométanlo a prueba para ver si es de Dios, porque han salido por el mundo muchos falsos profetas. En esto pueden discernir quién tiene el Espíritu de Dios: todo profeta que reconoce que Jesucristo ha venido en cuerpo humano es de Dios; todo profeta que no reconoce a Jesús no es de Dios, sino del anticristo. Ustedes han oído que este viene; en efecto, ya está en el mundo. (1 Juan 4:1-3)

De estos pasajes puedes aprender algunos consejos prácticos para deshacerte del Maligno, y puedes comenzar a ver de qué modo probar los espíritus se convierte en un elemento regular de tu estilo de vida. Una parte de ejercitar el discernimiento es aprender el proceso de evaluación momento a momento. Alerta a las posibilidades, repasas tus entornos antes de comprometerte con un curso de acción.

La otra parte de ejercer discernimiento requiere una paciente observación: debes observar la clase de fruto que crece con el tiempo.[20] Los dones son otorgados en una ocasión específica, pero el fruto necesita tiempo para desarrollarse. Otras pruebas quizá aporten resultados inmediatos, pero la "prueba del fruto" toma algo más de tiempo. No puedes conocer la calidad del fruto hasta que haya crecido y madurado. Así, tienes la prueba inicial y también tienes el momento posterior en el que pruebas el fruto.

---

20. "*Si tienen un buen árbol, su fruto es bueno; si tienen un mal árbol, su fruto es malo. Al árbol se le reconoce por su fruto*" (Mateo 12:33).

NUEVE PRUEBAS BÍBLICAS DE REVELACIÓN

Las siguientes pruebas de revelación, basadas en la autoridad de la Palabra de Dios, siempre funcionan. Las he enseñado en distintas ciudades, naciones y culturas, y sus verdades son universales. Voy a asignarles números para ayudarte a recordarlas y aplicarlas. Cada revelación, sea grande o pequeña, se puede contrastar con estas declaraciones bíblicas:

1. *La revelación debe edificar al receptor.* El resultado final de toda revelación de Dios es edificar, advertir y animar al pueblo de Dios. Cualquier otra cosa nos debe hacer sospechar. Pablo lo resume bien:

> *En cambio, el que profetiza habla a los demás para edificarlos, animarlos y consolarlos... ¿Qué concluimos, hermanos? Que, cuando se reúnan, cada uno puede tener un himno, una enseñanza, una revelación, un mensaje en lenguas, o una interpretación. Todo esto debe hacerse para la edificación de la iglesia.* (1 Corintios 14:3, 26)

Observa que a veces una palabra puede comenzar sonando negativa, pero si somos pacientes, seremos recompensados con una esperanza restaurada y una promesa (ver, por ejemplo, Jeremías 1:5, 10).

2. *La revelación debe honrar la Palabra de Dios escrita.* Toda verdadera revelación concuerda tanto con la letra como con el espíritu de las Escrituras. Cuando el Espíritu Santo dice "sí y amén" en una revelación (ver 2 Corintios 1:20), Él ya dijo lo mismo en las Escrituras. El Espíritu de Dios nunca se contradice a sí mismo. Uno de los ataques demoniacos más sutiles contra la autoridad de la Palabra de Dios es la idea generalizada de que "no existe tal cosa como una autoridad absoluta" (algunos pueden llegar a decir que "toda autoridad es relativa"). Ten cuidado con el enfoque insípido y liberal de la teología y la autoridad de las Escrituras, porque...

Toda la Escritura es inspirada por Dios y útil para enseñar, para reprender, para corregir y para instruir en la justicia, a fin de que el siervo de Dios esté enteramente capacitado para toda buena obra. (2 Timoteo 3:16-17)

Pero, tan cierto como que Dios es fiel, el mensaje que les hemos dirigido no es «sí» y «no». Porque el Hijo de Dios, Jesucristo, a quien Silvano, Timoteo y yo predicamos entre ustedes, no fue «sí» y «no»; en él siempre ha sido «sí». Todas las promesas que ha hecho Dios son «sí» en Cristo. Así que por medio de Cristo respondemos «amén» para la gloria de Dios.
(2 Corintios 1:18-20)

3. *La revelación debe glorificar a Dios Padre y Dios Hijo.* Jesús dijo: *"Él [Espíritu Santo] me glorificará porque tomará de lo mío y se lo dará a conocer a ustedes"* (Juan 16:14). Y leemos en Apocalipsis: *"Yo me postré a sus pies para adorarle. Y él me dijo: Mira, no lo hagas; yo soy consiervo tuyo, y de tus hermanos que retienen el testimonio de Jesús. Adora a Dios; porque el testimonio de Jesús es el espíritu de la profecía"* (Apocalipsis 19:10 RVR1960).

4. *La revelación se establecerá por su fruto.* Este es otro versículo a tener en cuenta sobre el fruto de una revelación:

"Cuídense de los falsos profetas. Vienen a ustedes disfrazados de ovejas, pero por dentro son lobos feroces. Por sus frutos los conocerán. ¿Acaso se recogen uvas de los espinos, o higos de los cardos?" (Mateo 7:15-16)

El fruto ¿es bueno o malo? El fruto bueno se alinea con la lista de Gálatas 5:22-23 que tratamos anteriormente, *"porque el fruto del Espíritu se manifiesta en toda bondad, justicia y verdad"* (Efesios 5:9 RVC). Pero si el fruto se alinea con los versículos anteriores de Gálatas (ver Gálatas 5:19-21), sabes que la "revelación" serán malas noticias. Si algo te llama a estas esferas, no vayas: orgullo, jactancia, exageración, deshonestidad, codicia, irresponsabilidad financiera, permisibilidad, toda forma de inmoralidad como adulterio y fornicación, adicciones e incluso un espíritu de fiesta. Estos frutos están podridos y envenenarán las vidas de las personas. Puedes estar seguro de que cualquier supuesta revelación que dé como resultado este fruto podrido, ha fluido de otra fuente que no es el Espíritu Santo.

5. *Las revelaciones predictivas se cumplirán.* Esta es una prueba directa, aunque puede tomar algo de tiempo verificarla:

> *Tal vez te preguntes: "¿Cómo podré reconocer un mensaje que no provenga del Señor?" Si lo que el profeta proclame en nombre del Señor no se cumple ni se realiza, será señal de que su mensaje no proviene del Señor. Ese profeta habrá hablado con presunción. No le temas* (Deuteronomio 18:21-22).

Si una revelación contiene una predicción concerniente al futuro y no sucede, puedes descartar que venga de Dios. Hay muy pocas excepciones de esta pauta: (1) Dios le ha dado a la humanidad el libre albedrío para escoger los caminos de Dios, o no escogerlos; (2) algunas palabras auténticas conllevan consecuencias críticas a menos que las personas se arrepientan, y el arrepentimiento se produzca;[21] o (3) el cumplimiento de una palabra puede producirse mucho tiempo después.[22]

6. *La revelación debe dirigir a las personas a Jesús.* Aunque un profeta tenga un gran don y pueda hacer milagros, no te creas una palabra de lo que diga a menos que su revelación dirija a las personas a Jesús. Jesús nos advierte contra los falsos profetas que producen falsas señales y milagros:

> *Cuídense de los falsos profetas. Vienen a ustedes disfrazados de ovejas, pero por dentro son lobos feroces...y surgirá un gran número de falsos profetas que engañarán a muchos. Porque surgirán falsos Cristos y falsos profetas que harán grandes*

---
21. La ciudad de Nínive es un ejemplo. Ver el libro de Jonás.
22. Por ejemplo, las profecías mesiánicas.

señales y milagros para engañar, de ser posible, aun a los elegidos. (Mateo 7:15; 24:11, 24)[23]

7. *La revelación debe liberar el espíritu de adopción.* ¿Cuál es "el espíritu de adopción"? Es la seguridad de que somos hijos e hijas de Dios, que es lo contrario a ser esclavos cautivos: *"Pues no habéis recibido el espíritu de esclavitud para estar otra vez en temor, sino que habéis recibido el espíritu de adopción, por el cual clamamos: ¡Abba, Padre!"* (Romanos 8:15 RVR1960). Los esclavos experimentan temor, vergüenza, culpa y control no deseado. Los hijos e hijas se sienten seguros; saben que pueden llamar a su Abba para cualquier tipo de ayuda en cualquier momento.

8. *La revelación debe producir vida.* Junto a la prueba del espíritu de adopción, ¿produce esta revelación vida, o muerte, en aquellos que la oyen? La rígida "letra de la ley" no produce la vida del nuevo pacto del Espíritu, como dijo Pablo: *"Él nos ha capacitado para ser servidores de un nuevo pacto, no el de la letra, sino el del Espíritu; porque la letra mata, pero el Espíritu da vida"* (2 Corintios 3:6).

> PREGÚNTATE: "¿PRODUCE ESTA REVELACIÓN VIDA, O MUERTE, EN LOS QUE LA OYEN?".

9. *La verdadera revelación será probada por el Espíritu Santo.* Esta novena prueba es la más subjetiva de todas y se debe usar junto a las anteriores pruebas para saber si el Espíritu Santo atestigua que la palabra viene de Dios. *"Esa unción es auténtica —no es falsa— y les enseña todas las cosas. Permanezcan en él, tal y como él les enseñó"* (1 Juan 2:27).

Debemos valorar la unción del Espíritu Santo, porque Él nos ayuda a aplicar cada prueba. No podemos dar por hecho tener la

---
23. Ver también Deuteronomio 13:1-5.

unción del Espíritu, aunque tengamos años y años de experiencia caminando con Dios. Además de la unción general que recibimos cuando el Espíritu Santo viene a vivir en nosotros, mediante la cual Jesús dijo que somos guiados a toda verdad (ver Juan 16:13), tu unción específica podría ser para pastorear y la mía podría ser para enseñar. Pero cada uno tiene que caminar en la esfera de gracia que ha recibido y valorar las unciones que han sido dadas a los otros miembros del cuerpo de Cristo. Tenemos que confiar el uno en el otro en el proceso de discernimiento. No te compares con otros a menos que ver su unción te haga tener más hambre de Dios.

PROBAR LOS ESPÍRITUS EN ACCIÓN

Una vez estaba ministrando con Mahesh Chavda en Europa Oriental, justo después de la caída del comunismo. Todas las personas de la sala o bien no eran creyentes o eran recién convertidos. Después de la predicación, Mahesh hizo un llamado al altar y pasó a orar brevemente por las personas en fila. Yo lo seguí, orando por las personas un poco más según me sentía guiado a hacerlo.

Mahesh oró por un joven, y este "se cayó", abrumado por el poder del Espíritu Santo. Cuando llegué donde estaba el hombre, estaba tumbado en el piso, acurrucado como una bola. Me llamó la atención que sus extremidades se estaban enfriando, hasta el punto de que sus manos se estaban poniendo azules. Y su rostro se estaba retorciendo. Claramente, algo desagradable y demoniaco ocurría, pero no sentía que tenía el discernimiento suficiente para orar adecuadamente. Decidí hacer lo que llamo "un acercamiento": oré por más unción del Espíritu Santo, poder y presencia, sobre ese joven. Las situaciones desesperadas exigen medidas desesperadas, y quería verlo libre. Por lo tanto, con autoridad, también hablé al obstáculo que estaba manteniendo a este hombre en esclavitud, diciéndole que se identificara.

De repente, aunque el joven no hablaba nada de inglés, abrió su boca y dijo con un inglés claro y sin acento: "Saca el libro".

¿El qué? No necesitaba un traductor para entender las palabras, pero aún no entendía a qué se podía referir. El cuerpo del hombre permanecía todo retorcido y acurrucado. Me sentí guiado a ponerle de lado para ver si tenía algún libro en el bolsillo, y así fue, encontré uno, una copia del *Mein Kampf*, de Hitler. Después de sacarlo, todo su cuerpo se relajó, y él pareció quedar aliviado.

Resultó ser que el hombre era un estudiante de Hungría, y estaba estudiando Comunismo en una universidad en Sarajevo. Aparentemente, cuando saqué el libro los demonios lo dejaron, huyeron a toda marcha. Después, el joven inmediatamente recibió la salvación e incluso fue bautizado en el Espíritu Santo. No podía dejar de decir: "¡Tu Dios Jesús! ¡Mi Dios Jesús!" en húngaro (interpretado para mí al inglés).

Como puedes ver, recibir discernimiento en la situación hizo posible deshacerse del desconocido obstáculo hacia la libertad y la salvación. Recibí tan solo la información necesaria para hacer lo que tenía que ocurrir. Nunca supe cuáles eran los espíritus malignos, ni descubrí cómo llegaron a controlar a ese joven. No hubo un verdadero diálogo entre el joven y yo, no hubo tiempo para ello en un entorno tal y con la barrera del idioma de por medio. Yo no sabía que el obstáculo a su libertad emanaba de un libro suyo y que tenía que ver con un espíritu del anticristo. Se estaba produciendo una colisión de poderes, y mi parte era orar en el poder del don de lenguas, moverme en el don de fe, y declarar libertad en el nombre de Jesús. A menudo es así, aunque como verás en el siguiente ejemplo, a veces eres capaz de identificar el espíritu maligno y determinar más de su historia con la persona.

En esta segunda situación, estaba haciendo una consejería de oración personal en un entorno privado. El hombre a quien estaba aconsejando me dijo que previamente había estado casado con alguien a quien en un principio consideraba una mujer maravillosa, pero que después le dejó por otro hombre. No tenía sentido para él, y aquello le partió el corazón. Era un creyente dedicado que parecía tener mucho a su favor, pero este cambio de eventos le había llenado de vergüenza y condenación. Ahora había conocido a alguien, pero su sentimiento de fracaso le impedía hacer un compromiso claro. Había algo en medio, y en nuestras oraciones estábamos intentando discernir qué era.

Este hombre no podía creer que Dios le daría una segunda oportunidad. Sabía que no había hecho nada malo (salvo ser engañado en la primera situación), pero no podía dejar de tener un sentimiento de desilusión, dolor y vergüenza. Intentamos varios enfoques de oración distintos, pero no funcionaron. Así que comencé a cantar canciones de alabanza suavemente, exaltando el nombre de Jesús.

De forma abrupta, supe en mi conocimiento que el espíritu de Jezabel estaba involucrado. Esta es una entidad demoniaca llamada como la infame y malvada reina Jezabel, esposa de Acab (ver 1 Reyes 16:31; 18:13-19; 19:1-18; 21; 2 Reyes 9:6-10, 30-37; Apocalipsis 2:20). También supe en mi conocimiento que este espíritu demoniaco había manipulado y engañado a este hombre (no es que los espíritus tengan género, sino que el espíritu de Jezabel a menudo se asocia con mujeres fuertes que manipulan a hombres débiles como Jezabel hizo con Acab).[24] El espíritu maligno había seducido inicialmente a este joven para comenzar una relación errónea, y ahora estaba atado por dentro al abordar una nueva relación que estaba dentro de los parámetros bíblicos.

Sin decir nada en voz alta, me dirigí al espíritu en silencio. Un ruido como de un tren de carga salió de este hombre de buen aspecto. Era el espíritu demoniaco o espíritus de naturaleza jezabelina. Fue liberado. El fruto del discernimiento fue libertad, y finalmente un matrimonio bueno y saludable. El hombre pudo avanzar, y a su debido tiempo tuve el honor de oficiar su ceremonia de boda.

---

24. Para saber más sobre este tema, ver mi libro *Deliverance from Darkness* (Grand Rapids, MI: Chosen Books, 2010).

SÉ "RÁPIDO EN OLER"

El profeta Isaías, anticipando el ministerio de Jesús como el Ungido, declaró que el Espíritu del Señor *"le hará entender diligente* [literalmente, ser "rápido en oler"] *en el temor de Jehová"* (Isaías 11:3RVR 1960). En las Escrituras, el sentido del olfato operando de forma independiente de la vista a veces tipifica el discernimiento que viene mediante el Espíritu Santo.

Por ejemplo, es como poder saber que lo que parece una oveja es realmente un lobo con piel de oveja. El ojo humano quizá no discierne inmediatamente que algo está mal, pero el olfato de un perro ovejero, que es mucho más afilado que el olfato humano, es "rápido en oler" para hacer sonar la alarma con respecto al lobo.

Aquellos a quienes Dios encomienda el cuidado de sus ovejas, deben del mismo modo ser buenos perros pastores mediante el Espíritu Santo. Deben ser rápidos en oler, no juzgando según la evidencia de su vista, o de su oído, o del razonamiento de su mente natural, sino oliendo a los falsos profetas que se han metido entre las personas como lobos con pieles de ovejas.

De hecho, el perro pastor que no ladra cuando un lobo se acerca, ha fallado en su responsabilidad con el rebaño. Como Dios dijo con respecto a los atalayas (líderes espirituales) de Israel bajo el antiguo pacto: *"Todos ellos son perros mudos"* (Isaías 56:10). Como resultado de su fracaso, el pueblo de Dios se convirtió en presa fácil de sus enemigos. Esto no solo ocurrió en el Israel de antaño, sino que ha seguido pasando en cada generación hasta nuestros días. En cuanto a nosotros, cada uno debe aprender a ser rápido para oler. Tu pequeño rincón del rebaño de Dios te necesita alerta y preparado.

En parte, aprendí sobre la importancia de ser rápido en oler del gran maestro de la Biblia, Derek Prince, quien fue pionero en ministrar liberación, romper maldiciones, y cosas similares. En el libro *Echarán fuera demonios*, Derek Prince trata el asunto de las características de la actividad demoniaca: "Por lo general no los vemos, pero reconocemos su presencia mediante ciertas acciones características". Después enumera sus actividades más típicas, diciendo que los demonios seducen, acosan, torturan, fuerzan, esclavizan, causan adicciones, manchan, engañan y atacan el cuerpo físico.[25]

Aprendí mucho de este hombre de estado de la fe, incluyendo la importancia de discernir cuándo y dónde confrontar a los lobos con piel de oveja. Algunas batallas son mías, algunas son tuyas, algunas les pertenecen a otros. Algunas hay que lucharlas en el momento, algunas se luchan otro día, y algunas no se deben luchar (a veces el enemigo está intentando atraerte hacia un conflicto peligroso e innecesario). Mi libro *Deliverance from Darkness* (Liberación de la oscuridad) trata con mucho detalle todo esto.

Por lo tanto, a lo largo de nuestra vida debemos aprender a ser rápidos en oler, con precisión y cuidado. En Cristo Jesús somos vencedores, pero solo bajo la condición de seguirle donde quiera que nos guíe, de forma deliberada y fiel.

ALCANZAR UNA ESFERA MÁS ELEVADA

Probar los espíritus trata los tres aspectos del discernimiento: revelación, interpretación y aplicación, aunque hay que aplicar un tipo distinto de filtro espiritual en cada aspecto. Puede que yo reciba con precisión una revelación y la interprete de forma incorrecta. O puede que reciba, bien una revelación y su interpretación, y me atasque en la aplicación (qué se supone que debo hacer con la información).

Por ejemplo, digamos que recibo una revelación sobre una situación política, pero sucede que toca un área sensible de mi propia experiencia. Si me he aferrado a la amargura, por ejemplo, mi revelación quedará manchada por mi amarga opinión, lo

---

25. Derek Prince, *Echarán fuera demonios* (Grand Rapids, MI: Chosen Books, 1998), pp. 165-166.

cual hará que mi revelación no tenga valor para el reino de Dios. Tengo que ser consciente de las influencias que pueda haber en mis pensamientos y oraciones, y especialmente en la forma en que la comunico. Al probar los espíritus que me rodean, tengo que incluir mi propio espíritu, consultando continuamente su guía al Espíritu Santo con respecto a qué debo hacer.

Por eso Romanos 12 nos dice que presentemos nuestros miembros a Dios como un acto aceptable de adoración, para que podamos "comprobar cuál sea la voluntad de Dios", lo que es *"bueno, agradable y perfecto"* (ver Romanos 12:1-2 RVC). Dios nos ayudará a identificar nuestros prejuicios, ya sean personales, geográficos, culturales, denominacionales o de cualquier tipo. Si nos presentamos a Él, Dios nos llevará a una limpieza progresivamente mayor. Cada vez tendremos menos en común con el dios de este mundo, y nuestro propio filtro interior será más eficaz. En otras palabras, nuestra santificación progresiva es tan importante para probar los espíritus como lo son nuestros dones o nuestra instrucción en las técnicas.

Recuerda siempre que cada uno debe aprender a probar los espíritus; ¡es parte de la vida cristiana!

> PROBAR LOS ESPÍRITUS TRATA LOS TRES ASPECTOS DEL DISCERNIMIENTO: REVELACIÓN, INTERPRETACIÓN Y APLICACIÓN, AUNQUE HAY QUE APLICAR UN TIPO DISTINTO DE FILTRO ESPIRITUAL EN CADA ASPECTO.

ORACIÓN DE UN CORAZÓN DISCERNIDOR

Padre bondadoso, te doy gracias por tu gran amor. Quiero estar arraigado y establecido en él. Declaro que confío en tu habilidad de dirigirme y protegerme más de lo que confío en el poder del diablo para engañarme. Además, declaro que no he recibido un espíritu de temor, sino de poder, de amor y dominio propio. Decido honrar tu Palabra examinando todo a la luz de ella y aferrándome a lo que es bueno. Decido honrar a los que están en autoridad sobre mí, mientras te pido que afiles mi propia capacidad de crecer en el discernimiento del Espíritu Santo. Mantén mis pies firmes en tu camino y mis ojos claros con tu luz. Sin ti, estoy más indefenso que un bebé. Contigo, soy victorioso sobre todo ataque del enemigo. Hago esta oración en el nombre de tu Hijo Jesús. Amén.

8

EL ESPÍRITU DE ENGAÑO: SEDUCTOR Y MANIPULADOR

"Pero el Espíritu dice claramente que en los postreros tiempos algunos apostatarán de la fe, escuchando a espíritus engañadores y a doctrinas de demonios".
— 1 Timoteo 4:1 (RVR1960)

"Estar avisado es estar armado". Este viejo dicho capta una verdad bíblica: el discernimiento nos avisa para que no caigamos presa de los sutiles engaños del enemigo. El aviso también nos da valor, al saber con qué estamos tratando y qué hacer.

El versículo de arriba comienza con la frase:*"Pero el Espíritu dice claramente…".* El Espíritu Santo es el que nos avisa, en este caso del hecho de que algunas personas abandonarán su fe en Jesús porque otras atracciones les harán desviarse; serán seducidos por voces convincentes que manipularán su atención y les harán abandonar su creencia. Su caminar con el Señor parecerá demasiado tedioso y cansado, y comenzarán a buscar algo más *"reconfortante".*

Los *"postreros tiempos"* a los que se refiere empezaron hace siglos, y el aviso sigue siendo cierto para nosotros hoy. Estas palabras no fueron escritas para incrédulos, sino para miembros plenos de la iglesia, y exponen el hecho de que es fácil caer en las resbaladizas mentiras del enemigo, incluso en un entorno cristiano.

Sin embargo, el aviso del Espíritu en 1 Timoteo 4 no relega al montón de basura a los que se apartan. No dice que no pueden recuperarse (ver versículo 6). No se está refiriendo a la gran apostasía de los últimos tiempos. El aviso llega con esperanza, dependiendo de la respuesta de quienes presten atención. Todos necesitamos esta palabra de aviso porque aunque nunca caigamos, es probable que conozcamos a alguien que sí lo haga, y puede que necesitemos poder discernir lo que está ocurriendo para poder ayudar a esa persona.

> EL DISCERNIMIENTO NOS AVISA PARA QUE NO CAIGAMOS PRESA DE LOS SUTILES ENGAÑOS DEL ENEMIGO.

LOS NOMBRES REVELAN LA NATURALEZA

La advertencia del Espíritu será más eficaz para nosotros si entendemos la naturaleza concreta de los posibles engaños, y la mejor manera de entenderla es sabiendo los nombres de los espíritus malignos involucrados. Como dice Francis Frangipane: "En la esfera del espíritu, el *nombre* de un ente siempre se corresponde con su *naturaleza*".[26]

La naturaleza de un ente espiritual puede ser o positiva o negativa, como veremos en los varios versículos a lo largo de esta sección. Primero, aquí tienes un par de ejemplos de nombres que revelan la naturaleza divina de Dios:

---

26. Francis Frangipane, *Discerning of Spirits* (Cedar Rapids, IA: Arrow Publications, 1994), p. 18, énfasis añadido.

*A ese sitio Abraham le puso por nombre: «El Señor provee».
Por eso hasta el día de hoy se dice: «En un monte provee el
Señor».* (Génesis 22:14)

*—Yo soy el que soy —respondió Dios a Moisés—. Y esto es lo
que tienes que decirles a los israelitas: "Yo soy me ha enviado
a ustedes".* (Éxodo 3:14)

Conocemos a Dios mediante los muchos nombres compuestos que encontramos a lo largo de las Escrituras, como *Jehová Rafá* (El Señor que sana), *Jehová Jiré* (El Señor que provee), *Jehová Nissi* (El Señor nuestra bandera), y *Jehová Tsidkenú* (El Señor nuestra justicia), por no mencionar los títulos de Rey de reyes, Alfa y Omega, la Palabra y muchos, muchos más. Cada nombre subraya un aspecto importante de su naturaleza, capacitándonos así para conocerle, confiar en Él y vivir por fe.

Por el mismo principio, si podemos nombrar a los espíritus demoniacos o inmundos, podemos entender mejor su naturaleza y motivaciones y así ser más eficaces a la hora de resistir sus malvados engaños específicos. Incluso el término espíritu "inmundo" describe la naturaleza de los seres demoniacos. Se usa en las Escrituras de forma genérica, como en *"Además, acabaré por completo con los profetas y con el espíritu de impureza"* (Zacarías 13:2 RVC), y específicamente, como en *"Jesús...reprendió al espíritu inmundo, diciéndole: Espíritu mudo y sordo, yo te mando, sal de él, y no entres más en él"* (Marcos 9:25 RVR1960).[27]

En el relato de la liberación del endemoniado gadareno en Marcos 5:6-9, el nombre "Legión" revela la naturaleza de la fortaleza demoniaca con la que se trataba: *"porque somos muchos"*.

Otro ejemplo explícito lo vemos en el último libro de la Biblia: *"Y tienen por rey sobre ellos al ángel del abismo, cuyo nombre en hebreo es Abadón, y en griego, Apolión"* (Apocalipsis 9:11 RVR1960).

---

27. Ver también Mateo 12:43-45; Marcos 1:23-26; 3:30; 5:2-8; 7:25-30; Lucas 8:27-35; 9:42; 11:24-26; Apocalipsis 18:2.

La traducción de *Abadón* es "Destrucción", y *Apolión* significa "Destructor". Como dijo Jesús del Maligno:*"El ladrón no viene sino para hurtar, matar y destruir"* (Juan 10:10 RVC).

Una buena parte del discernimiento es entender la naturaleza de lo que se está discerniendo, y los nombres nos ayudan a obtener ese conocimiento.

CAMINAR POR LA BARRA FIJA

Los seguidores de Jesucristo deben mantener continuamente su equilibrio espiritual manteniendo sus ojos en Él. En el momento en que dirigimos nuestra atención a un lado, nuestros pasos oscilan y nos tambaleamos. Si intentamos seguir cualquier cosa o persona que no sea Dios, podemos caernos del estrecho trazado, y requiere mucha energía volver a donde debiéramos estar.

Así, podemos caminar en línea recta solo si enfocamos nuestra atención en Cristo, siguiendo al Cordero paso a paso a medida que Él nos guía: "Éstos son...los que siguen al Cordero por dondequiera que va" (Apocalipsis 14:4 RVC). Por invitación personal de Dios, somos seguidores de Cristo, ya no más seguidores del diablo:

Jesús les dijo: «Síganme, y yo haré de ustedes pescadores de hombres». Ellos entonces, dejando al instante las redes, lo siguieron...Jesús los llamó, [Jacobo y Juan] y ellos, dejando al instante la barca y a su padre, lo siguieron.
(Mateo 4:19-20, 21-22 RVC)

Pasando Jesús de allí, vio a un hombre llamado Mateo, que estaba sentado al banco de los tributos públicos, y le dijo: Sígueme. Y se levantó y le siguió. (Mateo 9:9 RVR1960)

Muchos lo siguieron [Jesús], y él sanó a todos los enfermos... Las multitudes se enteraron y lo siguieron a pie desde los poblados. (Mateo 12:15; 14:13)

Por favor, únete a mí declarando nuestra intención de seguir al Cordero dondequiera que nos dirija, y de apartar nuestros ojos de cualquier distracción que nos haga desviar.

ESPÍRITUS ENGAÑADORES ACECHAN EN LAS SOMBRAS

Incluso mientras seguimos al Señor fielmente, los espíritus inmundos y engañadores están siempre acechando en las sombras, buscando alguna manera de disuadirnos para que no le sigamos. Tenemos que estar en guardia todo el tiempo. Podemos contar con que el Espíritu Santo nos ayuda a discernir y detectar la presencia de espíritus enemigos. La luz brillante del cielo no solo brilla como un haz de luz que nos guía, sino que también saca a la luz cualquier cosa que se esconda en la oscuridad. Mediante esta luz, podemos discernir espíritus engañadores y también eludir sus manipulaciones mientras seguimos al único Dios verdadero.

Podemos encontrar versículos sobre la luz de Dios en toda la Biblia. Aquí tienes algunos ejemplos del Nuevo Testamento:

La noche está muy avanzada y ya se acerca el día. Por eso, dejemos a un lado las obras de la oscuridad y pongámonos la armadura de la luz (Romanos 13:12).

Todos ustedes son hijos de la luz y del día. No somos de la noche ni de la oscuridad. (1 Tesalonicenses 5:5)

Mis queridos hermanos, no se engañen. Toda buena dádiva y todo don perfecto descienden de lo alto, donde está el Padre que creó las lumbreras celestes, y que no cambia como los astros ni se mueve como las sombras. (Santiago 1:16-17)

Los espíritus engañadores que esperan entre las oscuras sombras buscan apartar al pueblo de Dios del camino correcto. Sus insinuaciones son engañosas, manipuladoras, seductoras, fascinadoras. Los demonios seducen a las personas desde una posición de estabilidad a inestabilidad en un intento de capturarlas en sus redes de mentiras. Por lo tanto, busquemos siempre esto: *"andamos en luz, como él [Jesús] está en luz"* (1 Juan 1:7 RVR1960), *"poniéndonos la armadura de luz"* a medida que aprendemos a discernir y disipar las obras de los espíritus malignos.

> PODEMOS CONTAR CON QUE EL ESPÍRITU SANTO NOS AYUDA A DISCERNIR Y DETECTAR LA PRESENCIA DE ESPÍRITUS ENEMIGOS.

¿CÓMO ENGAÑAN LOS ESPÍRITUS MALIGNOS?

Exponer y resistir las obras de los espíritus demoniacos conlleva reconocer las diversas tácticas del enemigo. ¿Qué métodos usan los espíritus malignos para engañar? Operan de distintas formas en distintas circunstancias, perpetrando el error de la forma más ventajosa posible, usando un gran número de estrategias, como las siguientes.

EXAGERACIÓN: VERDAD ENVUELTA EN UNA MENTIRA

Gran parte de la seducción de las mentiras del enemigo viene del hecho de que contienen una pizca de verdad. "Estás triste, ¿verdad?", quizá te susurra. "Nunca superarás lo que tu hermano te hizo. Realmente está afectando tu personalidad. ¿Por qué no haces algo al respecto? ¿Por qué no te vengas, eh?".

Es cierto que tu hermano hizo algo que te lastimó, es cierto que estás triste, pero el resto es una exageración y el comienzo de una acusación. Enseguida una supuesta verdad está sonando en tu mente, y pierdes de vista la Verdad real. La insinuación provoca en ti un deseo de venganza. Quizá has comenzado el día como un fiel seguidor de Dios, solo para terminar perdido y abrumado.

Pablo se exasperó con las personas de la iglesia de Galacia porque cayeron en este truco del diablo, en el que la verdad estaba mezclada con falsedad. Escribió: *"¡Oh gálatas insensatos! ¿Quién los fascinó para no obedecer a la verdad?... ¿Tan necios son? ¿Comenzaron por el Espíritu, y ahora van a acabar por la carne?"* (Gálatas 3:1,3 RVC). Para evitar ser engañados de la misma forma, debemos prestar atención al consejo de Pablo:*"Destruimos argumentos y toda altivez que se levanta contra el conocimiento de Dios, y llevamos cautivo todo pensamiento para que se someta a Cristo"* (2 Corintios 10:5).

EXALTAR UNA REVELACIÓN ESPECIAL POR ENCIMA DE LA PALABRA DE DIOS

¡Oh, oh! Esta tiene un truco para las personas que son celosas de conocer la revelación de Dios. Si no tienen cuidado, comienzan a aferrarse a la última palabra profética más que a la Palabra de Dios escrita.

"Eso se lo reveló un ángel, ¡así que debe ser fiable!".

"La Biblia no puede cubrirlo todo; por eso Dios envía revelación extra especial como esta".

"¡No te interpongas! ¡Las experiencias personales no mienten!".

Obviamente, creo que Dios envía revelación especial a su pueblo, pero nunca, nunca, debería tenerse en mayor estima que las Escrituras. Aunque yo mismo he tenido varias visitas angélicas y experiencias sobrenaturales que son casi indescriptibles, quiero mantenerme siempre abierto a la corrección, y regreso todo el tiempo al mensaje "principal y claro" de las Escrituras. Los extras son tan solo cosas extra. Mi felicidad, y especialmente mi salvación, no dependen de ellas. Con la ayuda de Dios, siempre me tomaré en serio estas advertencias de Pablo a los creyentes que tenía a su cuidado:

No dejen que les prive de esta realidad ninguno de esos que se ufanan en fingir humildad y adoración de ángeles. Los tales hacen alarde de lo que no han visto; y, envanecidos por su razonamiento humano, no se mantienen firmemente unidos a la Cabeza. Por la acción de esta, todo el cuerpo, sostenido y ajustado mediante las articulaciones y ligamentos, va creciendo como Dios quiere. (Colosenses 2:18-19)

Me asombra que tan pronto estén dejando ustedes a quien los llamó por la gracia de Cristo, para pasarse a otro evangelio. No es que haya otro evangelio, sino que ciertos individuos están sembrando confusión entre ustedes y quieren tergiversar el evangelio de Cristo. Pero, aun si alguno de nosotros o un ángel del cielo les predicara un evangelio distinto del que les hemos predicado, ¡que caiga bajo maldición! Como ya lo hemos dicho, ahora lo repito: si alguien les anda predicando un evangelio distinto del que recibieron, ¡que caiga bajo maldición! (Gálatas 1:6-9)

Las personas caen con demasiada facilidad ante el atractivo de un nuevo mensaje fascinante o de su mensajero; o comienzan a decir: "Bueno, si puedo oír a Dios por mí mismo, entonces no tengo que prestar tanta atención a la Palabra de Dios y lo que ya sé que es cierto, porque ahora puedo escuchar, y Él me dirigirá". Puede que incluso respalden este enfoque con un texto como este: "*Entonces tus oídos oirán a tus espaldas palabra que diga: Este es el camino, andad por él; y no echéis a la mano derecha, ni tampoco torzáis a la mano izquierda*" (Isaías 30:21 RVR1960). Pero recuerda que el Espíritu Santo nunca contradice la Palabra de Dios, y que necesitamos tanto la Palabra escrita como la revelación especial. Además, para discernir, debemos considerar todo el consejo de la revelación de Dios en las Escrituras y no solo enfocarnos en partes aisladas.

A veces, nos volvemos más susceptibles al engaño si nos sentimos desesperados por algo. Por ejemplo, puede que queramos tanto una sanidad o algún tipo de milagro para nosotros mismos o para alguien, que nos aferramos a una "palabra" que hayamos oído y que no tuvo su origen en Dios. De esta forma, nuestros puntos débiles emocionales se convierten en puntos de entrada para los mensajes seductores y fraudulentos del enemigo.

Esta es una ladera resbaladiza. Un engaño que no suene muy mal puede llevarnos a otros peores. ¿De qué otra forma crees que personas terminan en sectas o gravemente desequilibradas? De nuevo, para mantener nuestro equilibrio espiritual debemos aprender a medir nuestras experiencias, emociones y cualquier revelación especial con la autoridad de la Palabra de Dios escrita.

> PARA DISCERNIR, DEBEMOS CONSIDERAR TODO EL CONSEJO DE LA REVELACIÓN DE DIOS EN LAS ESCRITURAS Y NO SOLO ENFOCARNOS EN PARTES AISLADAS.

AUTOPROMOCIÓN ORGULLOSA

Otra forma en la que el diablo engaña a las personas es persuadiéndoles de que son mejores que otros. Aunque la Biblia dice claramente: "No nos olvidemos de congregarnos con los creyentes" (ver Hebreos 10:25), tales personas quizá se convenzan de que son demasiado grandes (demasiado elitistas, demasiado importantes, más educadas, que están por encima de la crítica) como para juntarse con cristianos "comunes" en una iglesia "común". Se posicionan en un lugar desde donde no dan cuentas a nadie, exaltando sus propios dones o nivel de experiencia.

O quizá entren en alguna moda en la iglesia, incluso un mover genuino del Espíritu, y hagan de su asociación con él una fuente de orgullo personal. Finalmente, pueden convertirse en lo que yo llamo "automóviles estacionados" en una calle sin salida del mover de Dios en el ayer. No han avanzado con el Espíritu Santo, y tampoco se han acercado a otros con el amor de Dios.

La única cura es la humildad y el rendir cuentas. Vi este proceso en funciones cuando era parte de la comunidad de profetas "Kansas City Prophets" y nos acusaban de todo tipo de prácticas aberrantes. No creo que sintiéramos que éramos en modo alguno una élite, pero algunas de las personas que nos seguían sí lo eran, y se produjo un alboroto interno en 1990 en la zona central de Estados Unidos. La fama también puede ser embriagadora y potencialmente peligrosa, pero francamente, sabiendo todo lo que se produce tras bastidores, yo estaba muy impresionado con la forma en que Mike Bickle, el líder principal de Kansas City Fellowship, manejó las acusaciones. Una vez tras otra respondió con humildad, reconociendo errores e intentando enderezar las cosas correctamente. A la larga, se abrió un camino para muchos ajustes saludables y para madurar en sabiduría en el desarrollo profético en Kansas City y en los demás lugares. *"Dios se opone a los orgullosos, pero da gracia a los humildes"* (Santiago 4:6, citando Proverbios 3:34).

ADORACIÓN AL HÉROE

Otro engaño sutil del enemigo es la adoración al héroe. Ahí llega un predicador con una lengua de oro, y acumula bendiciones. Enseguida tiene un ministerio, un espacio en la televisión o la radio, y un armario nuevo. Cuando entra en el circuito de la oratoria las personas se reúnen para oírle y, si pueden acercarse lo suficiente, para tomarse una foto con él.

Lo que me preocupa son las personas, porque la adoración al héroe le roba la adoración al único que le pertenece, Dios mismo, y esto aleja de la verdad a las personas. Eso es lo que ocurrió con algunos de los seguidores de William Branham, el exitoso evangelista de sanidad antes de la Segunda Guerra Mundial. Él verdaderamente tenía grandes dones de parte de Dios y fue usado de forma maravillosa en el detallado don de palabra de conocimiento y mucho más. Pero tristemente, algunos de sus seguidores lo elevaron a la posición de "el Elías", diciendo que había regresado como "el precursor" antes de la segunda venida de Jesús.

Por favor, escúchame: este hombre estaba llamado y ungido por Dios, pero algunas personas declararon que él era alguien que no era. Incluso hasta la fecha, un remanente se reúne en su tumba un día al año en particular con la esperanza de que él regrese. Esto nos muestra cómo el honor y el respeto de las personas por alguien pueden distorsionarse y terminar desarrollándose en una peligrosa adoración de culto al héroe.

Hemos tenido demasiado de esto en la historia de la iglesia, así que ten cuidado cuando veas a alguien acaparando hacia sí mismo demasiada atención o hacia algunos dones o experiencias; ejercita el discernimiento cuando veas a personas que empiezan a adorar como héroe a un líder u orador. Tales cosas pueden ocurrir de nuevo y ocurrirán. No hay nada nuevo debajo del sol.

Pero el Espíritu dice claramente que, en los últimos tiempos, algunos apostatarán de la fe y escucharán a espíritus engañadores y a doctrinas de demonios, y que por la hipocresía de los mentirosos que tienen cauterizada la conciencia.

(1 Timoteo 4:1-2 RVC)

LA ADORACIÓN AL HÉROE LE ROBA LA ADORACIÓN AL ÚNICO QUE LE PERTENECE, DIOS MISMO, Y ESTO ALEJA DE LA VERDAD A LAS PERSONAS.

LA VERDAD NOS HARÁ LIBRES

En su libro *Let No One Deceive You* (Que nadie te engañe), el erudito y teólogo, Dr. Michael Brown, nos anima a guardarnos del engaño:

Según el Nuevo Testamento, la posibilidad del engaño es muy real. ¡Pero eso no significa que todo el mundo tenga que ser engañado! Podemos mantenernos seguros en Jesús. El Señor puede llevarnos a un amplio lugar donde podemos arraigarnos firmemente y estar seguros, y es la razón por la que la Biblia a menudo nos dice: "Que nadie les engañe".[28]

Amado, aprendamos a caminar en humildad y con gratitud, dejando que la paz de Cristo gobierne en nuestros corazones (ver Colosenses 3:15). Caminemos rindiendo cuentas. Honremos la Palabra de Dios. Conozcamos la verdad, ¡porque la verdad nos hará libres! (ver Juan 8:31-32).

ALCANZAR UNA ESFERA MÁS ELEVADA

Pablo escribió: *"Y esto pido en oración, que vuestro amor abunde aun más y más en ciencia y en todo conocimiento"* (Filipenses 1:9 RVR1960). El uso más noble de nuestro discernimiento es permitirle que alumbre el amor que Dios derrama en nuestros corazones. Entonces caminaremos en un espíritu opuesto a la glorificación propia y el orgullo.

Dios nos da gracia para vivir en su amor: *"En verdad, Dios ha manifestado a toda la humanidad su gracia, la cual trae salvación y nos enseña a rechazar la impiedad y las pasiones mundanas. Así podremos vivir en este mundo con justicia, piedad y dominio propio"* (Tito 2:11-12). Puedes recuperar tu lugar en esa gracia si te has alejado de ella, pero solamente si rindes tu independiente afirmación de conocer lo que es correcto. *"Porque en él [Jesucristo] habita corporalmente toda la plenitud de la Deidad, y vosotros estáis completos en él, que es la cabeza de todo principado y potestad"* (Colosenses 2:9-10 RVR1960).

---

28. Michael Brown, *Let No One Deceive You* (Shippensburg, PA: Destiny Image, 1997), p. 61.

Yo quiero ser una persona que comience bien por gracia, y que también termine bien por gracia en verdadero amor, conocimiento y discernimiento. ¿Y tú?

ORACIÓN DE UN CORAZÓN DISCERNIDOR

Padre misericordioso, en el poderoso nombre de Jesús me acerco a ti, dándote gracias por la luz de tu Palabra. Admito mi total dependencia de ti. Haz brillar tu luz en mí. Si hay alguna forma de engaño en mi vida, te pido que tu Espíritu envíe convicción, revelación, discernimiento y libertad. Ayúdame a responder bien a ti y a extender tu gracia a mi familia y amigos. Escojo anular mi alianza con cualquier forma de oscuridad y entrar en un alineamiento correcto con tus caminos. Guárdame de ser engañado. Ayúdame a penetrar las seductoras mentiras del enemigo y dame la sabiduría para aplicar tu verdad. Te pido que me des más abundantemente de todo lo que podría desear o anhelar, y que cambies todo en mi vida para bien.

Con un corazón lleno de adoración, magnifico tu gran nombre. Me regocijo en tu maravillosa y completa salvación. Amén.

9

EXPONER LAS INFLUENCIAS DEMONIACAS: LIBERANDO A LOS CAUTIVOS

> [Jesús] *se levantó a leer. Y se le dio el libro del profeta Isaías; y habiendo abierto el libro, halló el lugar donde estaba escrito: El Espíritu del Señor está sobre mí, Por cuanto me ha ungido para dar buenas nuevas a los pobres; Me ha enviado a sanar a los quebrantados de corazón; A pregonar libertad a los cautivos, Y vista a los ciegos; A poner en libertad a los oprimidos; A predicar el año agradable del Señor. Y enrollando el libro, lo dio al ministro, y se sentó; y los ojos de todos en la sinagoga estaban fijos en él.*
> — Lucas 4:16-20

No fue una sorpresa cuando Jesús se puso en pie en la sinagoga de su ciudad natal el día de reposo para leer el pasaje anterior del profeta Isaías, pero nadie esperaba que lo hiciera personal: *"El Espíritu del Señor está sobre mí..."*.

Isaías había profetizado acerca del Mesías que había de venir en un futuro distante. Ahora, aquí estaba Jesús, básicamente anunciando a la boquiabierta congregación: "Yo soy ese Mesías".

En caso de que no lo hubieran entendido bien, añadió: *"Hoy se ha cumplido esta Escritura delante de vosotros"* (Lucas 4:21).

Usando las palabras de Isaías, anunció la descripción de su trabajo mesiánico. Las personas de la ciudad se debieron haber preguntado de qué estaba hablando. ¿Qué quería decir con *"libertad a los cautivos"*, *"vista a los ciegos"* y *"poner en libertad a los oprimidos"*? ¿Qué tipo de ataduras tenía intención de romper? *"Vista a los ciegos"* sonaba a algo más que una sanidad física para personas ciegas. ¿Era eso algún tipo de declaración política? De cualquier modo, ¿acaso este no es ese Jesús, el hijo de José el carpintero local?

Para las personas, no tenía sentido alguno.

DISCERNIMIENTO Y LIBERACIÓN

Actualmente tenemos una mejor idea de lo que Jesús quería decir, porque la mayoría de nosotros hemos experimentado la libertad de esa atadura de la que Él hablaba. Nos hemos dado cuenta de que antes éramos esclavos del pecado y de Satanás, y ahora hemos sido liberados de la opresión emocional, mental y espiritual. Al aceptar la oferta de salvación de Jesús, hemos sido liberados de las cargas de nuestra condición de no salvos y cautivos.

Sin embargo, parece que encontramos un flujo interminable de obstáculos para caminar en libertad personal completa. Necesitamos el ministerio continuo de libertad de Jesús en este *"año agradable del Señor"*, como lo dijo Isaías. La profecía proclama liberación a los cautivos y recuperación de la vista a los ciegos. Sin embargo, con demasiada frecuencia vamos a tientas, como si fuéramos ciegos que intentan abrirse paso por el camino de la salvación. Necesitamos nuevos ojos de discernimiento, incluso para poder identificar la naturaleza y el grado de nuestra atadura pasada y sus efectos prolongados.

Además, solo con el discernimiento dado por Dios podemos separar las influencias buenas y malas que nos rodean. Muchas veces nos topamos más contra lo que llamo "influencias demoniacas" que contra demonios identificables que tienen tareas específicas en contra nuestra. Por ejemplo, cuando alguien dice: "Hay un espíritu de ira en la nación", se refiere a una influencia de ira penetrante que no se puede echar fuera con una sencilla oración de liberación. El espíritu de ira se manifiesta en las palabras y obras de personas influenciadas demoniacamente. Esta influencia es una fuerza espiritual que tuerce, mancha y contamina el camino de amor de Dios. Es como una tela de araña, y las personas se enredan en ella. Retorciéndose en su cautividad, actúan con una "mentalidad de red", y no me refiero necesariamente a la red www.

Los cristianos a menudo no sabemos discernir lo que realmente está sucediendo. Echamos la culpa a diestra y siniestra a nivel humano, sin exponer las influencias demoniacas que nos rodean. Incluso puede que nosotros seamos parte del problema. Sin embargo, con el Espíritu de Jesucristo viviendo en nuestro interior, tenemos tanto la responsabilidad de tratar las influencias demoniacas como la capacidad para hacerlo. Jesús sigue queriendo liberar a los cautivos hoy, justo donde tú vives.

Recuerdo algo que Mike Bickle dijo hace años cuando él y yo servíamos juntos en Kansas City. Incluso entonces, él era un líder. Era un intercesor y evangelista, un maestro sólido de la Palabra, un hombre de altos estándares, pero él resumía el propósito de su vida sin definirse con esos rasgos. Dijo que Dios le había llamado a ser "un adorador de Dios primero, y un libertador de hombres, en ese orden". Él era un adorador de Dios primero, un libertador de hombres después. Confío en que yo también lo sea. Y te invito a que tú seas lo mismo.

"Un adorador de Dios y un libertador de hombres"; no podemos ser uno sin lo otro, y debemos activar plenamente ambos aspectos en nosotros. Al adorar a Dios y rendirnos a Él, Él nos recibe con libertad. Al pedirle al Espíritu Santo que arroje su luz sobre los obstáculos que nos impiden recibir y discernir su revelación y actuar en consecuencia, Él responde nuestras oraciones y nos libera, y somos empoderados para dar lo que hemos recibido. Al caminar en un nuevo espíritu de libertad, podemos compartirlo con otros.

> TENEMOS QUE SER "ADORADORES DE DIOS Y LIBERTADORES DE HOMBRES".

DISCERNIR LAS INFLUENCIAS DEMONIACAS

Veamos ahora algunas de las principales influencias demoniacas que actúan en el mundo hoy y cómo contrarrestarlas.

EL ESPÍRITU RELIGIOSO

Uno de los mayores obstáculos que encontrarás en tu caminar cristiano es el "espíritu religioso". Se han escrito libros enteros sobre los patrones de conducta particulares que distinguen al espíritu religioso, y aquí tan solo podré hablar de ellos superficialmente.

Rick Joyner, fundador de MorningStar Ministries, define un espíritu religioso como "un demonio que busca sustituir el poder del Espíritu Santo por la actividad religiosa, en nuestras vidas".[29] Los espíritus religiosos trabajan para interferir en el libre fluir del Espíritu Santo en las vidas de los creyentes. Pueden ser difíciles de discernir precisamente porque son religiosos; son piadosos, incluso muy espirituales. Su influencia puede invadir la vida de una persona y de una iglesia como la levadura penetra en una masa. Por eso Jesús dijo: *"Mirad, guardaos de la levadura de los fariseos y de los saduceos"* (Mateo 16:6 RVR1960).

---

29. Rick Joyner, *Overcoming Evil in the Last Days* (Shippensburg, PA: Destiny Image, 2003), p. 130.

En tiempos del Nuevo Testamento, los fariseos y los saduceos eran los religiosos profesionales. Los fariseos eran los perros guardianes de la pureza religiosa, persiguiendo a cualquier persona judía que transgrediera la ley incluso en lo más mínimo, promoviendo el perfeccionismo de su estricta interpretación de los requisitos de la ley de Moisés. Los fariseos y los saduceos no estaban de acuerdo entre ellos en los detalles de lo que constituía la verdadera religión, y competían unos con otros con celo. Cada grupo defendía *"apariencia de piedad, pero negarán la eficacia de ella"* (2 Timoteo 3:5 RVR1960).

Por lo general, el espíritu religioso promueve un estilo de vida basado en las obras o en el desempeño. El mensaje principal es: "No eres suficientemente bueno; inténtalo de nuevo". Aunque la cruz de Jesús ha hecho de la religión basada en el desempeño algo del pasado, al espíritu religioso le gusta mantenerlo vivo para que las personas trabajen bajo una triple carga de culpa, temor y orgullo. Cada persona sobre la tierra busca legítimamente un sentimiento de aceptación, pero el espíritu religioso mantiene la máxima aceptación, la de Dios, fuera de su alcance.

El espíritu religioso está activo en la Iglesia hoy; tristemente, muchas iglesias y ministerios se caracterizan por él. En tales entornos, el discipulado consiste en dominar una lista de cosas que se pueden y no se pueden hacer, a menudo junto a una superioridad nada saludable: ¿Cuántos libros de la Biblia has leído? ¿Has memorizado más versículos que la persona promedio? ¿Lees la versión "correcta" de la Biblia? ¿Fuiste bautizado adecuadamente? ¿Qué nivel de vida de oración tienes? ¿Ayunas regularmente? ¿Diezmas? Etcétera.

Ahora bien, eso no significa que la mayoría de esas actividades no sean buenas, pues lo son. Es el *espíritu* detrás de las actitudes y las demandas de ellas lo que está torcido. Tú y yo no necesitamos ganarnos puntos con Dios. Jesús no aprueba con nota solo a unos pocos. Por su muerte y resurrección, Cristo Jesús ha asegurado nuestra aceptación ante el Padre una vez y para siempre cuando ponemos nuestra fe en Él.

Sin embargo, cuando vivimos y respiramos en un entorno manchado por el espíritu religioso, es difícil para nosotros discernir que estamos siendo afectados por una influencia demoniaca; pero sé que Dios puede liberarnos de ella (ver Filipenses 1:6). Recuerdo algo que mi hijo mayor me dijo una vez cuando llegó a casa de California para visitarnos. Había estado fuera de casa un tiempo. La familia estaba sentada alrededor de la mesa, charlando y divirtiéndonos un rato. De repente, dijo: "¿Papá? Me gusta este comportamiento tuyo mucho más que el anterior. ¿Cuándo has sido liberado de ese espíritu religioso?".

> EL ESPÍRITU RELIGIOSO HACE QUE LA GENTE
> TRABAJE BAJO UNA TRIPLE CARGA DE CULPA,
> TEMOR Y ORGULLO.

¡Caramba! Yo no había hecho nada a propósito; ni siquiera sabía que me comportaba distinto, pero había estado participando mucho en un nuevo derramamiento del Espíritu Santo. Evidentemente, cuanto más me saturé del Espíritu, más se me cayeron mis viejos grilletes. Parte de mi rigidez tenía que ver con mi trasfondo y educación, y parte venía de lo que me habían enseñado como creyente adulto. Pero la poderosa presencia del Espíritu Santo había prevalecido sobre el espíritu religioso. Definitivamente, estaba menos rígido que antes y con menos temor al fallo y el rechazo. Por supuesto, también era más divertido y alegre estar conmigo.

Siempre es más fácil detectar el espíritu religioso en otros, y juzgarlos, que reconocerlo en nosotros mismos. Aunque pudiera ser rápido en percibir un espíritu religioso que venga a mí a través de otra persona, puede que no sea tan rápido en reconocer el mismo espíritu cuando me miro en el espejo. El profeta vidente Bob Jones solía enseñar que uno puede saber cuándo una persona pasaba a operar en un modo demasiado religioso mirando cinco actitudes reveladoras: legalismo, crítica, debate, opinión y juicio. Apliquemos esa medida a nosotros mismos y saquemos la viga de nuestro propio ojo en vez de señalar la paja en el ojo de los demás (ver, por ejemplo, Mateo 7:4-5).

Repito: culpa, temor y orgullo son las características del espíritu religioso. Un comportamiento orgulloso a menudo enmascara el alma temerosa e insegura de alguien que está intentando desesperadamente estar a la altura. Sin embargo, buscar seguridad en nuestro interior perpetúa la ansiedad, porque la seguridad centrada en uno mismo es un mal sustituto de la seguridad centrada en Dios.

Muchas personas inseguras se vuelven perfeccionistas. No pueden descansar; es como si estuvieran encadenados a una cinta andadora. No sé tú, pero yo quiero mantenerme fuera de esa carrera. Sé que Dios quiere que me esfuerce por la excelencia, pero también sé que no puedo hacer nada en mis propias fuerzas. Necesito que la gracia de Dios brille donde yo soy débil. Eso causará un impacto mayor para el reino que todo el perfeccionismo del mundo, y puede dar como resultado también la liberación de otras personas. Como escribió Pablo: *"pero él* [el Señor] *me dijo: «Te basta con mi gracia, pues mi poder se perfecciona en la debilidad». Por lo tanto, gustosamente haré más bien alarde de mis debilidades, para que permanezca sobre mí el poder de Cristo"* (2 Corintios 12:9).

EL ESPÍRITU POLÍTICO

El espíritu religioso a menudo está aliado con el espíritu político. Esta coalición se ha producido en cada era y en cada cultura. Se puede ver en el caso de los fariseos, que se unieron a las fuerzas políticas para conseguir su propósito de desacreditar y eliminar a Jesús. Mira lo que ocurrió incluso al comienzo del ministerio de Jesús: "*Y salidos los fariseos, tomaron consejo con los herodianos contra él para destruirle*" (Marcos 3:6 RVR1960). Tres años después, cuando Jesús fue arrestado y llevado en custodia, se lo pasaron de aquí para allá entre los líderes religiosos y políticos.

Jesús entendía lo que estaba ocurriendo, pero no se resistió, escogiendo dejar que el mal pareciera prevalecer porque los propósitos mayores de Dios estaban operando para la salvación del mundo. "*Jesús no le contestaba* [a Herodes] *nada. Allí estaban también los jefes de los sacerdotes y los maestros de la ley, acusándolo con vehemencia. Entonces Herodes y sus soldados, con desprecio y burlas, le pusieron un manto lujoso y lo mandaron de vuelta a Pilato*"(Lucas 23:9-11). Los discípulos de Jesús no entendían lo que estaba pasando; para ellos, la situación parecía un desastre y no discernían las fuerzas demoniacas en juego. Cuando un espíritu político está dirigiendo el espectáculo, no puedes reconocer su agenda escondida con tus sentidos naturales. Se tiene que discernir espiritualmente.

En su relevante libro, *The Political Spirit* (El espíritu político), Faisal Malick da uno de los mejores resúmenes que he leído de la meta y el modo de operación de este ente demoniaco:

> El espíritu político ha recibido específicamente la tarea de bloquear el establecimiento del gobierno del Reino de Dios en la tierra instituyendo falsos gobiernos y prácticas políticas corruptas. Es el espíritu que está detrás del posicionamiento y las peleas que vemos en los gobiernos de la tierra y detrás de las divisiones en la iglesia.[30]

El espíritu político es una mente maestra demoniaca invisible que busca formas estratégicas de torcer los planes de Dios. Para conseguir sus metas corruptas, forma alianzas con espíritus

---

30. Faisal Malick, *The Political Spirit* (Shippensburg, PA: Destiny Image, 2008), p. 13.

religiosos e instituciones respaldadas por mamón. El espíritu político siempre intentará comprar, corromper, manipular y dominar a líderes y grupos de personas. Cautiva a las personas con falsas lealtades mientras pone demandas de uniformidad mediante las presiones del temor, la vergüenza y el control. De nuevo, la religión juega un papel principal.

Además de las circunstancias que rodearon el arresto de Jesús y su crucifixión, vemos numerosos ejemplos a lo largo de la historia de la coalición del espíritu político y el espíritu religioso: las Cruzadas, por ejemplo, o las muchas guerras religiosas y escaramuzas que se han producido durante los siglos. Sin mucha dificultad, podemos discernir las mismas influencias en la actualidad en muchos niveles de conflicto, desde guerras de retórica política hasta actividades terroristas.

Particularmente en estos tiempos de mensajería social instantánea, tenemos que estar alertas ante la influencia del espíritu político que nos rodea. Tenemos que trabajar duro para mantener nuestro enfoque en Dios y no en los asuntos contemporáneos problemáticos y divisivos que se despliegan a nuestro alrededor, para que no reaccionemos a ellos uniéndonos al combate tóxico en vez de ser parte de la solución. Aunque deberíamos cumplir con nuestras responsabilidades cívicas y mantener la cabeza fría mientras participamos en nuestro gobierno representativo, lo mejor que podemos hacer es orar e interceder para romper el poder del espíritu político que causa divisiones, animosidad y peleas. *"Porque nuestra lucha no es contra seres humanos, sino contra poderes, contra autoridades, contra potestades que dominan este mundo de tinieblas, contra fuerzas espirituales malignas en las regiones celestiales"* (Efesios 6:12).

EL ESPÍRITU DE TEMOR E INTIMIDACIÓN

Otro obstáculo demoniaco entra en la categoría del temor y la intimidación. Es el opuesto directo al espíritu que Dios nos da:

"Porque no nos ha dado Dios un espíritu de cobardía, sino de poder, de amor y de dominio propio" (2 Timoteo 1:7 RVC).

El temor es una especialidad demoniaca. Con temor e intimidación, Satanás mantiene cautivas a las personas, controlándoles con amenazas de consecuencias funestas. Por ejemplo, el espíritu de temor e intimidación amenazará a un pastor, diciéndole: "Ten cuidado. Si hablas acerca de la verdad, perderás tu licencia para predicar. Serás excomulgado". Influencia a las personas para que jueguen a lo seguro bajo techos nada elevados y para que respalden la opinión de la multitud. A veces, seduce a las personas con pecados sexuales o económicos para hacerles sentir un fracaso y llenarlos del espíritu de vergüenza y culpa.

El espíritu de temor e intimidación trabaja muy de cerca con el espíritu religioso y con el político. Juntos, estos espíritus inmundos menosprecian a las personas y les hacen preocuparse con sus propias ineptitudes para que no se enfoquen en el amor de Dios, el empoderamiento del Espíritu Santo y la obra completa del Señor Jesús por ellos en la cruz.

Los poderes diabólicos te dirigen con látigos de ira, mientras que Jesús, el Buen Pastor, te *guía*. Jesús se reserva su agresión para los enemigos demoniacos contra los que lucha por nosotros. Con Dios de nuestro lado, seremos vencedores, así como los hombres de Israel lo fueron bajo el liderazgo de Josué:

> *Y los llevaron ante Josué. Entonces él llamó a todos los hombres de Israel y a los jefes de los guerreros que lo habían acompañado, y les dijo: «Pongan sus pies sobre el cuello de estos reyes.» Ellos se acercaron y se pararon sobre su cuello, y entonces Josué les dijo: «No tengan miedo. No se atemoricen, sino sean fuertes y valientes, porque así hará el Señor con todos sus enemigos, contra quienes ustedes peleen».*
> (Josué 10:24-25 RVC)

El temor te paralizará, pero la fe te impulsará adelante hacia la victoria y la libertad. La victoria es duradera. Mi difunta esposa lo demostró. Ella fue siempre una persona maravillosa, pero solía ser tímida en cuanto a hablar y tomar la iniciativa. Entonces tuvo una experiencia poderosa que le llevó a una época prolongada de intimidad con Dios. En medio de aquello fue liberada de espíritus de temor y rechazo, y de agradar a las personas. Floreció para convertirse en la persona que Dios quería que fuera. En vez de buscar la aprobación para todo, comenzó osadamente a ponerse una gorra de béisbol dada la vuelta con las palabras: "No más temor" escritas en ella. Por el otro lado decía: "No dejes que tus temores se interpongan en el camino de tus sueños".

> LOS ESPÍRITUS INMUNDOS HACEN QUE LA GENTE SE PREOCUPE POR SUS PROPIAS INEPTITUDES PARA QUE NO SE ENFOQUE EN EL AMOR DE DIOS, EL EMPODERAMIENTO DEL ESPÍRITU SANTO Y LA OBRA COMPLETA EN LA CRUZ DEL SEÑOR JESÚS POR ELLOS.

EL ESPÍRITU DEL ANTICRISTO

El espíritu del anticristo sin duda está activo en el mundo hoy, usando su influencia según avanzamos hacia el día final del Señor:

> *Queridos hijos, esta es la hora final, y así como ustedes oyeron que el anticristo vendría, muchos son los anticristos que han surgido ya. Por eso nos damos cuenta de que esta es la hora final. Aunque salieron de entre nosotros, en realidad no eran de los nuestros; si lo hubieran sido, se habrían quedado con nosotros. Su salida sirvió para comprobar que ninguno de ellos era de los nuestros.* (1 Juan 2:18-19)

No dejes que este obstáculo demoniaco en particular te confunda debido a su nombre. El "espíritu del anticristo" se refiere de forma colectiva a todos los espíritus que se oponen a Cristo intentando suplantarlo. Al rehusar honrar el hecho de que Él es el Ungido de Dios, estos espíritus promueven falsas unciones para hacer que personas se levanten como superiores para desviar la adoración y devoción de Jesucristo.

El espíritu del anticristo trabaja junto a otras influencias demoniacas para intentar debilitar el reino de Dios, pero hay una prueba bíblica sencilla que nos ayuda a exponer el espíritu del anticristo:

En esto pueden discernir quién tiene el Espíritu de Dios: todo profeta que reconoce que Jesucristo ha venido en cuerpo humano es de Dios; todo profeta que no reconoce a Jesús no es de Dios, sino del anticristo. Ustedes han oído que este viene; en efecto, ya está en el mundo. (1 Juan 4:2-3)

La falsa unción del espíritu del anticristo es convincente y persuasiva. Suele engañar a las personas. Es algo casi sin precedentes ver esta mentira expuesta públicamente. Sin embargo, es lo que ocurrió en el caso de la iglesia Worldwide Church of God de California. Bajo el dominio del fundador Herbert W. Armstrong, esta secta extendió su influencia y generó controversia durante décadas en el siglo XX. Declaraciones sensacionales y doctrinas aberrantes reemplazaron al discipulado sólido. Pero cuando Armstrong murió en 1986, su sucesor designado, Joseph W. Tkach, sorprendió a todos al liderar un cambio doctrinal revolucionario que finalmente resultó en la aceptación de la denominación en la Asociación Nacional de Evangélicos. Muchos de sus numerosos bienes inmuebles se vendieron, incluyendo el Ambassador Auditorium de Pasadena, que ahora es propiedad de la Iglesia HRock Church, pastoreada por mi amigo Ché Ahn y su hijo, Gabe Ahn.

Del mismo modo, como pueblo de Dios con discernimiento que persigue las cosas de Dios con pasión, debemos estar vigilantes contra las afirmaciones no bíblicas y falsas unciones, regresando siempre a la seguridad de la Palabra de Dios y el señorío de Jesucristo.

ALCANZAR UNA ESFERA MÁS ELEVADA

Poder identificar influencias demoniacas elusivas es solo el comienzo. ¿Qué harás con lo que disciernas? ¿Deberías convertirte en algún tipo de soplón? ¿Y cómo puedes resistir el impulso del mal tú mismo, mientras ayudas a liberar del engaño a otros? ¿Correr hacia otro lado?

En su libro *The Three Battlegrounds* (Los tres campos de batalla), Francis Frangipane divide la guerra espiritual en tres frentes principales: tu propia mente, la Iglesia y la realidad sobrenatural invisible más amplia. Solo después de discernir una influencia demoniaca en tu propia vida y vencerla en el poder de Jesucristo puedes avanzar al siguiente campo de batalla o esfera de autoridad, que es tu iglesia local, y quizá la Iglesia en general. Finalmente, puede que consigas autoridad suficiente para manejar con eficacia tu parte de la batalla en el frente mundial.

Frangipane escribe sobre "seguir al Cordero dondequiera que Él vaya",[31] lo cual, por implicación, se refiere a caminar en el espíritu contrario al de los entes demoniacos. También escribe:

> El espíritu del anticristo es un gobernante mundial (ver Efesios 6:12). No se puede expulsar como se haría con un demonio menor. La victoria final sobre tales principados viene mediante el *desplazamiento*, donde el ánimo y amor de Cristo inundan la vida mental de la comunidad cristiana local. Al convertirnos en lo opuesto al anticristo,

---

31. Francis Frangipane, *The Three Battlegrounds* (Cedar Rapids, IA: Arrow Publications, 1989, 2006), p. 66.

veremos el cuerpo de Cristo sanado, y el espíritu del anticristo aplastado bajo nuestros pies.[32]

Puedes caminar en este "espíritu opuesto" para combatir toda influencia demoniaca, incluyendo el espíritu religioso, el espíritu político, el espíritu de temor e intimidación, y el espíritu del anticristo. Sin embargo, es difícil no tropezar a veces. Para seguir caminando en el espíritu opuesto, quizá necesites varios tipos de asistencia (incluyendo liberación total de la influencia de espíritus diabólicos específicos) y consejería bíblica. Como caminar en el espíritu opuesto conlleva caminar en intimidad con el Espíritu de Jesús, puedes contar con que Él te mostrará el camino. Al avanzar por este camino, los espíritus demoniacos de este mundo tendrán cada vez menos en común contigo, hasta el punto de que finalmente dirás, como hizo Jesús: *"porque viene el príncipe de este mundo. Él no tiene ningún dominio sobre mí"* (Juan 14:30).

Que el Espíritu Santo derrame luz sobre cada uno de nosotros. Que no apuntemos con el dedo en juicio, diciendo: "Oh, ese espíritu demoniaco está operando en el liderazgo de nuestra iglesia" o "veo un espíritu territorial sobre nuestra ciudad", hasta que no hayamos dejado que el Espíritu Santo limpie la casa en nuestra propia vida para que podamos ejercer un discernimiento claro. Que el Espíritu nos lleve a un entendimiento tan profundo de los caminos de Dios, que no tengamos nada en común con el espíritu religioso, el espíritu político, el espíritu de temor e intimidación y el espíritu del anticristo. El Señor mismo es nuestro refugio de todo tipo de influencia demoniaca:

> *Ya que has puesto al Señor por tu refugio, al Altísimo por tu protección, ningún mal habrá de sobrevenirte…Yo lo libraré, porque él se acoge a mí; lo protegeré, porque reconoce mi nombre. Él me invocará, y yo le responderé; estaré con él en*

---

32. Ibid., 122, énfasis añadido.

momentos de angustia; lo libraré y lo llenaré de honores.
(Salmos 91:9-10, 14-15)

ORACIÓN DE UN CORAZÓN DISCERNIDOR

Padre celestial, en el nombre de Jesús, te adoro y te pongo en el trono con mis alabanzas. Según tu Palabra, Jesús vino para liberar a los cautivos y declarar "el año agradable del Señor". Como embajador de Cristo, creo que el Espíritu Santo me ha ungido para que sea un adorador de Dios y un libertador de hombres. De nuevo, te rindo todo lo que soy y todo lo que espero ser. Úngeme con un nivel más alto de discernimiento para que pueda saber cuál es la motivación del espíritu que está detrás de una actividad. Por la gracia de Dios, creo que estoy recibiendo un aumento de tus caminos reveladores en mi vida. Por causa de tu reino, amén.

10

CÓMO MANTENERNOS ALEJADOS DE LAS TRAMPAS DE SATANÁS: SABIDURÍA PARA EVITAR OBSTÁCULOS COMUNES

"Porque éstos son falsos apóstoles, obreros fraudulentos, que se disfrazan como apóstoles de Cristo. Y no es maravilla, porque el mismo Satanás se disfraza como ángel de luz. Así que, no es extraño si también sus ministros se disfrazan como ministros de justicia; cuyo fin será conforme a sus obras".
— 2 Corintios 11:13-15 (RVR1960)

Mi difunta esposa, Michal Ann, ministró una vez en una conferencia de mujeres en Francia. Para hacer entender un punto importante, pidió a las mujeres que fueran a la sesión de la mañana siguiente *sin* ponerse maquillaje. Ese era un ejercicio especialmente relevante en Francia, una tierra llena de mujeres hermosas que aman sus cosméticos. Michal Ann quería que entendieran el hecho de que cada una de ellas era hermosa para Jesús el Amado, independientemente de su aspecto exterior.

Funcionó. El sencillo acto de aparecer sin maquillaje para la adoración pública y la comunión produjo liberación a varias de las mujeres. Regresaron a sus casas sintiéndose amadas y liberadas. La mayoría de ellas volvieron a llevar maquillaje al día siguiente, pero fueron cambiadas para siempre en su interior. Habían descubierto que eran totalmente aceptables e incluso deseables para Dios sin las "máscaras de belleza" que normalmente llevaban.

Yo no soy una mujer, pero puedo imaginar que aquellas mujeres se sintieron más limpias y más auténticas después de ese día. Mediante un acto sencillo se habían redefinido, y habían salido de una de las trampas comunes que Satanás prepara para el pueblo de Dios, todo lo cual parece relacionarse con las fachadas falsas que levanta nuestro orgullo humano.

OBSTÁCULOS SATÁNICOS COMUNES

Como sabemos, Satanás ha establecido un reino espiritual maligno como rival para el reino de Dios. Él gobierna sobre ángeles caídos y espíritus demoniacos, y los incita a buscar establecer fortalezas en nuestras mentes y corazones. A continuación tenemos algunos obstáculos satánicos comunes que necesitamos discernir y también evitar.

FIESTAS DE DISFRACES Y MÁSCARAS

En el pasaje de 2 Corintios, al comienzo de este capítulo, el verbo *disfrazarse* se utiliza tres veces de diversas formas. Otras traducciones utilizan "*pretender*" o términos parecidos. Además, Pablo utilizó las palabras "*falsos*" y "*fraudulentos*". Creo que quizá intentaba establecer un punto, ¿no crees? Nos estaba advirtiendo contra personas que buscan estatus dentro de la iglesia y afirman estar más ungidas y ser más rectas de lo que realmente son, que se disfrazan como hombres y mujeres de fortaleza e integridad, pero que no son nada de eso si rascamos la superficie.

La falsedad y el engaño son parte de la condición caída de los seres humanos. Siglos antes de la época de Pablo, Dios abordó el mismo problema hablando por medio del profeta Isaías:

Porque este pueblo se acerca a mí con su boca, y con sus labios me honra, pero su corazón está lejos de mí, y su temor de mí no es más que un mandamiento de hombres que les ha sido enseñado; por tanto, he aquí que nuevamente excitaré yo la admiración de este pueblo con un prodigio grande y espantoso; porque perecerá la sabiduría de sus sabios, y se desvanecerá la inteligencia de sus entendidos. ¡Ay de los que se esconden de Jehová, encubriendo el consejo, y sus obras están en tinieblas, y dicen: ¿Quién nos ve, y quién nos conoce?!".

(Isaías 29:13-15 RVR1960)

Los creyentes que comienzan a vivir detrás de una fachada falsa, pronto pierden su discernimiento. Sucede cuando mueven sus límites entre verdad y error. En cuanto una persona ve que se las ha arreglado para engañar a otros, y la primera vez con frecuencia produce una buena sensación, los límites de su conciencia comienzan a moverse. La verdad se convierte en algo relativo. Justifican su camino hacia más engaño sin darse cuenta de lo que están haciendo.

> LOS CREYENTES QUE COMIENZAN A VIVIR DETRÁS DE UNA FACHADA FALSA, PRONTO PIERDEN SU DISCERNIMIENTO. SUCEDE CUANDO MUEVEN SUS LÍMITES ENTRE VERDAD Y ERROR.

Dios es luz y es la fuente de luz, y Satanás se disfraza como ángel de luz. Satanás es el imitador original; presenta una versión falsificada y distorsionada de la verdad de Dios y nos tienta a que hagamos lo mismo. El enemigo motiva peculiaridades muy aparentes a la vez que refuerza actitudes de bajo nivel. En pocas palabras, él hace una gran fiesta de disfraces.

Hay aparentes recompensas por moverse hacia el fingimiento: adulación de otros, posición o poder. Pero cuando una persona se pone un disfraz y comienza a fingir ser alguien diferente, da lugar al orgullo e incluso se convierte en arrogancia o soberbia. Puede que no sea tan obvio para otras personas. Posiblemente porque muchos de nosotros tenemos una doble cara, eso parece normal; no pensamos que sea extraño cuando alguien actúa de una manera en público y de otra manera en privado. Aceptamos la hipocresía en nosotros mismos y en los demás.

La palabra *hipócrita* viene de la palabra griega para "actor", pero de ninguna manera nuestra vida en Cristo ha de ser una representación. En cambio, es una vida de quitarnos nuestras máscaras y comportarnos con amorosa humildad.

La única manera en que podemos discernir el bien del mal y la luz de la oscuridad es rechazando hacer un papel y estar tan sintonizados con la verdad real y la fuente de luz que, como resultado, podamos ver, oír, sentir, gustar, oler y conocer la diferencia. La luz de Dios expone la oscuridad. Cuando caminamos cerca del Espíritu Santo, Él nos ayuda a detectar disfraces en nosotros mismos y en otras personas, y nos muestra cómo ser hechos libres. Él nos capacitará para distinguir la luz verdadera de la versión falsa.

EL ESPÍRITU DE LEVIATÁN (ORGULLO)

Hemos hablado del orgullo en varios contextos en este libro, pero vamos a verlo desde otra perspectiva. La "serpiente tortuosa" Leviatán (Isaías 27:1 RVR1960, RVC) ha llegado a representar el feroz orgullo del enemigo. Leviatán gira en torno a la comunicación torcida. El espíritu de Leviatán colabora con el espíritu político, el espíritu religioso, el espíritu del anticristo y otros espíritus para torcer la verdad, y hacer que sea agradable y apetitosa para santos susceptibles. El orgullo también puede interferir en la comunicación evitando que los oyentes entiendan lo que alguien intenta decir. Además, el orgullo causa ofensa y alimenta el temor y la reacción exagerada. El orgulloso Leviatán es ciertamente un enemigo formidable:

> *¿Puedes pescar a Leviatán con un anzuelo, o atarle la lengua con una cuerda? ¿Puedes ponerle un cordel en la nariz, o perforarle la quijada con un gancho? ¿Acaso amablemente va a pedirte o suplicarte que le tengas compasión? ¿Acaso va a comprometerse a ser tu esclavo de por vida? ¿Podrás jugar con él como juegas con los pájaros, o atarlo para que tus niñas se entretengan? ¿Podrán los mercaderes ofrecerlo como mercancía, o cortarlo en pedazos para venderlo? ¿Puedes atravesarle la piel con lanzas, o la cabeza con arpones? Si llegas a ponerle la mano encima, ¡jamás te olvidarás de esa batalla, y no querrás repetir la experiencia! Vana es la pretensión de llegar a someterlo; basta con verlo para desmayarse. No hay quien se atreva siquiera a provocarlo; ¿quién, pues, podría hacerle frente?* (Job 41:1-10)

> *Cuando llegue ese día, el Señor castigará con su grande y poderosa espada al leviatán esa serpiente escurridiza y tortuosa; ¡matará a ese dragón que está en el mar!*
> (Isaías 27:1 RVC)

Una enseñanza precisa sobre Leviatán está resumida en la contracubierta del manual de estudio del libro *Leviathan Exposed* (Leviatán al descubierto) de mi querido amigo y líder asociado de XP Ministries, Robert Hotchkin:

> Leviatán es un espíritu demoniaco de alto nivel que trabaja sutilmente tras bastidores para torcer y pervertir las

comunicaciones con la meta de destruir relaciones y alianzas. Quiere hacer descarrilar tu destino e infiltrarse en cada área de tu vida, creando caos, confusión, devastación y destrucción.[33]

Como nos dice la Biblia, el orgullo siempre precede a la caída: *"El orgullo va delante de la destrucción, y la arrogancia antes de la caída"* (Proverbios 16:18 NTV). Sin embargo, a veces parece que la caída tarda mucho tiempo en llegar. ¿Cómo mata el Señor al dragón llamado Orgullo en nosotros? La mejor manera es que nosotros cooperemos con Él en este proceso, permitiéndole examinar nuestro corazón, de modo que pueda evitarse la caída y podamos volver a tener un espíritu limpio delante de Él. (ver Salmos 139:23-24)

> COOPEREMOS CON ÉL EN ESTE PROCESO, PERMITIÉNDOLE EXAMINAR NUESTRO CORAZÓN, DE MODO QUE PUEDA EVITARSE LA CAÍDA Y PODAMOS VOLVER A TENER UN ESPÍRITU LIMPIO DELANTE DE ÉL.

Por ejemplo, cuando me acerco a Dios a propósito, un haz de luz comienza a brillar en las profundidades oscuras y turbias de mi alma. ¿Es eso una serpiente que se está deslizando? ¿Quiero que se quede ahí? ¿Cómo puedo dejar de darle cobijo y alimentarla? ¿Cómo puedo obtener aún más de la luz de Dios para sacar al descubierto sus escurridizas argucias? Oro: "¡Envía tu luz y tu gracia, Señor! Me humillo delante de ti. ¡Ayúdame! No puedo ayudarme a mí mismo". *"Pero él da mayor gracia. Por esto dice: Dios resiste a los soberbios, y da gracia a los humildes"* (Santiago 4:6 RVR1960).

---

33. Robert Hotchkin, *Leviathan ExposedStudy Guide* (Maricopa, AZ: XP Publishing, 2016), contracubierta.

Leviatán y sus parientes quizá regresen otro día para tentarme a tener pensamientos más arrogantes y torcidos, pero puedo ser hecho libre clamando a Dios con humildad y sin pretensiones, aceptando una vez más el claro consejo de la Biblia: *"y todos, sumisos unos a otros, revestíos de humildad; porque: Dios resiste a los soberbios, y da gracia a los humildes"* (1 Pedro 5:5 RVR1960). Dios siempre muestra favor lleno de gracia a los humildes. Eso es lo contrario al temor y la intimidación que viene del espíritu de orgullo.

FALSA AUTORIDAD

La falsa autoridad es otra de las trampas comunes de Satanás. En una sola palabra, la falsa autoridad es brujería. "La brujería es autoridad espiritual falsificada; es utilizar un espíritu que no es el Espíritu Santo para dominar, manipular, o controlar a otros".[34]

Parecería que es fácil detectar algo tan oscuro y malvado como la brujería, pero ese no es siempre el caso. Nuestro discernimiento puede titubear ante lo que Lester Sumrall identificó como las siete etapas de desarrollo de la influencia demoniaca: regresión, represión, supresión, depresión, opresión, obsesión y posesión.[35] Como el pueblo de Tiatira,[36] toleramos a líderes manipuladores que operan en el espíritu de Jezabel y su esposo, Acab.[37] Entonces perdemos la esperanza y caemos en depresión y opresión, lo cual nubla aún más nuestro discernimiento y nos deja ineficaces a la hora de combatir la maldad. El espíritu controlador nos muerde repetidamente, debilitándonos y causando que nos retiremos

---

34. Joyner, *Overcoming Evil*, p. 75.
35. Ver, por ejemplo, Lester Sumrall, *Exorcism* (Green Forest AR: Green Leaf Press, 1994), pp. 173–192.
36. *"Escribe al ángel de la iglesia de Tiatira... Conozco tus obras, tu amor y tu fe, tu servicio y tu perseverancia, y sé que tus últimas obras son más abundantes que las primeras. Sin embargo, tengo en tu contra que toleras a Jezabel, esa mujer que dice ser profetisa. Con su enseñanza engaña a mis siervos, pues los induce a cometer inmoralidades sexuales y a comer alimentos sacrificados a los ídolos"* (Apocalipsis 2:18-20).
37. *"A la verdad ninguno fue como Acab, que se vendió para hacer lo malo ante los ojos de Jehová; porque Jezabel su mujer lo incitaba"* (1 Reyes 21:25 RVR1960).

llenos de desaliento, confusión, desorientación, pérdida de visión, desesperación y derrota.

Puede que huyamos de nuestra iglesia o de otro escenario de dominación errónea, pero tristemente, eso con frecuencia no alivia nuestro dolor. Solos y amargados, decimos que ya no podemos confiar en las figuras de autoridad debido a lo que fulano hizo. O permanecemos presentes físicamente, manteniendo una política pasiva que dice: "nunca abras la boca". O nos convertimos en agitadores. Todavía perseguidos por la dominación injusta, perdemos discernimiento y no sabemos qué hacer al respecto.

Puedo garantizarte que el espíritu de brujería no va a disculparse por hacer que nuestra vida sea tan desagradable. Cuando me encuentro en este tipo de situación, necesito tener cuidado con ofenderme (un tema del que hablaré con más detalle en la sección siguiente) o comenzar a situarme al lado del acusador de los hermanos. La única manera de ser libre de la opresión es perdonar totalmente a los implicados sin albergar ningún resentimiento, bendecir a todos los enemigos, y decidir adorar a Dios en medio del caos y la confusión.

Sí, quizá necesite irme a otra iglesia, pero no recuperaré el paso si me voy en solitario y diciendo: "Somos solamente Jesús y yo". Necesito al cuerpo de Cristo, incluso con sus riesgos de obstáculos espirituales y emocionales, y el cuerpo de Cristo nos necesita a mi familia y a mí.

Además, por mí mismo no puedo enmendar todas las cosas, porque la batalla entre la autoridad verdadera y la falsa es demasiado grande para mí. Al final, Dios prevalecerá. Una vez más debo aliarme a propósito con Él y permitir que Él desafíe a las fortalezas de maldad: *"sean sabios para el bien, e ingenuos para el mal. Muy pronto el Dios de paz aplastará a Satanás bajo los pies de ustedes. Que la gracia de nuestro Señor Jesucristo sea con ustedes"* (Romanos 16:19-20 RVC).

EL ESPÍRITU DE OFENSA

La palabra griega para "ofender" viene de la palabra *skandalon*, que originalmente se refería al gatillo de una trampa, donde se ponía el cebo o carnada. Lógicamente, cualquier cosa que nos ofende es en realidad una trampa con la que debemos tener cuidado. Las ofensas se acumulan y se convierten en disputas, y casi nunca nos damos cuenta de la trampa con la antelación suficiente para evitarla, aunque podemos aprender a discernir con más claridad a fin de caminar con más cuidado.

Como señaló mi amigo John Bevere en su libro *La trampa de Satanás*: "Una de sus carnadas más engañosas e insidiosas es algo que todo cristiano ha encontrado en su camino: las ofensas. En realidad, las ofensas en sí mismas no son mortales... si permanecen dentro de la trampa. Pero si las aceptamos, las consumimos y las dejamos entrar en nuestro corazón, entonces nos ofendemos".[38] ¡No mordamos la carnada!

Las personas que son combativas o conflictivas han pisado la trampa y han quedado atrapadas. Lo que es peor, como las ofensas los controlan a ellos y también su conducta hacia los demás, puede que no reconozcan el hecho de que han sido tomados prisioneros para hacer la voluntad del diablo. Jesús dijo: *"Imposible es que no vengan tropiezos; mas ¡ay de aquel por quien vienen!"* (Lucas 17:1 RVR1960). Pablo aconsejó:

> *Y un siervo del Señor no debe andar peleando; más bien, debe ser amable con todos, capaz de enseñar y no propenso a irritarse. Así, humildemente, debe corregir a los adversarios, con la esperanza de que Dios les conceda el arrepentimiento para conocer la verdad, de modo que se despierten y escapen de la trampa en que el diablo los tiene cautivos, sumisos a su voluntad.* (2 Timoteo 2:24-26)

---

38. John Bevere, *The Bait of Satan* (La trampa de Satanás),(Lake Mary, FL: Charisma House, 1994, 2014), p. 1.

Las personas ofendidas encajan en dos categorías principales: (1) las que han sido tratadas injustamente, y (2) las que creen con todo su corazón que han sido ofendidas, juzgadas por "suposición, apariencia y habladurías".[39] En cualquiera de los casos, el único escape efectivo de la trampa no es más agitación o discusión, sino de nuevo: perdón. Perdón total.

Por eso yo oro el Padrenuestro casi cada día, y cuando llego a la frase: "Perdónanos nuestras deudas, como también nosotros perdonamos a nuestros deudores", pienso en mis relaciones actuales. Incluso si tuviera la razón al noventa por ciento en una discusión con alguien, ¿qué hay del diez por ciento en el que estaba equivocado? Incluso si mis palabras fueran precisas, ¿podría de alguna manera haber respondido de modo diferente para que la otra parte hubiera percibido mi respuesta como expresada en amor, en lugar de un duro juicio o corrección?

Este enfoque me ayuda a examinar mis reacciones a todo, desde importantes luchas de poder hasta publicaciones irritantes en Facebook. El perdón hace maravillas para enderezarme; entonces puedo vencer al enemigo, volver a oír la voz de Dios con claridad, y caminar en la plenitud de su voluntad. Y entonces entra en juego el libro de Romanos 8:28, que dice: "*Ahora bien, sabemos que Dios dispone todas las cosas para el bien de quienes lo aman, los que han sido llamados de acuerdo con su propósito*".

John Bevere y su esposa, Lisa, salieron como vencedores en una situación de ofensa grave. Ellos se alejaron con éxito físicamente de las influencias contaminantes que podrían haber destruido su matrimonio y su ministerio, pero lo más importante es que perdonaron totalmente a todos los ofensores. Aprendieron que caminar en perdón priva al enemigo de "pistas de aterrizaje" en nuestra alma; descubrieron que podían elevarse por encima de cualquier cantidad de traición y trato lamentable. El perdón, por humillante e incluso débil que pueda considerarse, es un poderoso antídoto

---

39. Este material fue inspirado por *La trampa de Satanás*, pp. 6–7.

contra las toxinas demoniacas que de otro modo nos harían descender al nivel del enemigo.

EL PLAN DEL ENEMIGO CONTRA EL PLAN DE DIOS

El objetivo de Satanás es robar su lugar al Hijo de Dios con el Padre y el honor que las personas de la tierra le deben a Él. Su meta es obtener todo el control posible del sistema mundial, de modo que pueda recibir adoración universal para sí mismo. Así sucedió con Lucifer en el principio, y su meta y sus tácticas siguen siendo las mismas en la actualidad.

Cuando miramos a nuestro alrededor y evaluamos nuestras batallas personales bajo esta luz, podemos ver por qué la guerra espiritual no deja de librarse. Tras bastidores, se trata del lugar de Jesús, porque toda guerra espiritual verdadera se centra en última instancia en la prominencia del Hijo de Dios. Deberíamos preguntarnos: ¿Es Jesús el enfoque central de mi corazón y mi vida? ¿Veo qué fortalezas del mal intentan empujar a un lado a Jesús? ¿Es Él el Señor sobre esta persona, o grupo, o lugar; o ha sido su señorío minado y usurpado por Satanás? Como el pueblo de Dios, ¿hemos caído en las trampas que el enemigo sigue poniendo? ¿Cómo podemos discernir el camino que hay por delante y mantener un enfoque claro?

El objetivo de Dios es recoger la mayor y última cosecha de almas de la tierra y preparar a la novia de Cristo como un regalo para su Hijo. Cristo nos ha dado a sus discípulos la autoridad para hacer cumplir la victoria del Calvario. Esto incluye frenar las actividades demoniacas de Satanás en la tierra hasta que se hayan cumplido los propósitos y planes de gracia de Dios (ver Mateo 16:19; 18:18), y desplazar las obras de las tinieblas demostrando las obras de Cristo (ver, por ejemplo, Mateo 10:1, 7-8).

Podemos cumplir esas responsabilidades porque, al final de su vida en la tierra, Jesús transfirió su autoridad a sus seguidores. Él los comisionó, diciendo:

Se me ha dado toda autoridad en el cielo y en la tierra. Por tanto, vayan y hagan discípulos de todas las naciones, bautizándolos en el nombre del Padre y del Hijo y del Espíritu Santo, enseñándoles a obedecer todo lo que les he mandado a ustedes. Y les aseguro que estaré con ustedes siempre, hasta el fin del mundo. (Mateo 28:18-20)

TODA GUERRA ESPIRITUAL VERDADERA SE CENTRA EN ÚLTIMA INSTANCIA EN LA PROMINENCIA DEL HIJO DE DIOS.

Como Jesús pagó el rescate por nuestras almas (ver, por ejemplo, Romanos 5:8; Gálatas 3:13-14), ahora salimos como sus embajadores (ver, por ejemplo, Mateo 28:19-20), llevando la revelación de que Aquel que está en nosotros es mayor que el que está en el mundo (ver 1 Juan 4:4; Efesios 1:17-22; 4:8-9). Nos sometemos de buena gana a Dios con humildad, e incluso nuestra sumisión es una forma de guerra espiritual: *"Así que sométanse a Dios. Resistan al diablo, y él huirá de ustedes"* (Santiago 4:7).

Mi hija pequeña tuvo una experiencia que ilustra bien este punto. Cuando tenía dieciocho años recibió una beca parcial para estudiar en el Conservatorio de Arte Dramático, en la ciudad de Nueva York. Finalmente, en una de sus clases le presentaron un guión que contenía mucho lenguaje soez. Ella no estaba segura de poder interpretarlo; sentía que comprometería su integridad y le haría alejarse de la pureza de su caminar con Cristo. Me consultó al respecto, y yo tampoco me sentí bien con la situación, pero no le prohibí que hiciera esa tarea. Ella era una joven adulta, y yo sabía que necesitaba tomar ella misma la decisión de qué hacer. Le dije algo parecido a lo siguiente: "Si mueves una vez tu límite, será mucho más fácil volver a moverlo; por lo tanto, necesitas caminar sabiamente si estás pensando en mover tu límite la primera vez".

Después, de manera interesante, Dios le dio un sueño a uno de sus hermanos que había estado muy cerca de ella cuando era niña, y le advirtió por teléfono que no tomara una decisión poco sabia que pondría en un compromiso su caminar con el Señor. Con mis palabras de cautela y su advertencia para respaldarla, ella fue con su profesor y le dijo que aunque estaba muy dispuesta a representar el papel, no estaba dispuesta a utilizar el lenguaje que había en el guión, que hacerlo violaría su conciencia. Ella habló aunque se arriesgaba a recibir una mala calificación o a ser reñida o excluida.

Sorprendentemente, el instructor le escuchó y respetó su postura; de hecho, comenzó la clase siguiente presentando la apelación de Rachel delante de todos. Dijo: "Rachel me ha dicho que ofendería su conciencia maldecir en este guión. ¿Hay alguien más aquí que tenga el mismo sentir y que realmente desee no seguir el guión?". Se levantaron varias manos. Él permitió a esos alumnos sustituir esas palabras por terminología alternativa, y el problema quedó resuelto.

Rachel había evitado una de las trampas del enemigo. No comenzó a mover sus límites de rectitud, y en realidad fue respetada por eso. Siguió sometida a Dios; resistió al diablo, y él huyó.

ALCANZAR UNA ESFERA MÁS ELEVADA

La humildad (caminar en la naturaleza de Cristo) es nuestra meta. Solamente al descender seremos capaces de alcanzar las esferas más elevadas del reino de Dios. Con corazones humildes podemos admitir que tenemos motivos mezclados y que más de una vez hemos caído en los engaños del enemigo. Nuestras máscaras y disfraces puede que engañen por un tiempo a las personas que nos rodean, pero son inútiles delante de Dios, quien ya nos conoce perfectamente. No podemos ocultarnos de Él, así que bien podríamos rendirnos a Él; después de todo, Él nos ama mejor de lo que nos amamos nosotros mismos. Él resolverá las situaciones más enredadas. Él siempre ve el fin desde el principio.

Es un hecho: Dios usa solamente a mujeres y hombres *quebrantados*. Las personas que confían en sí mismas pronto llegarán al final de su fortaleza. La única manera de remontarnos con alas de águila (ver Isaías 40:31) es rendirle todo a Dios, quien es nuestra fortaleza, nuestra canción (ver Éxodo 15:2) y nuestro Padre. Él no quiere que nos descalifiquemos a nosotros mismos de su reino, de modo que nos ayudará a destapar las huellas de Satanás en lugares en nuestro corazón que no sabíamos que él podía tocar.

ORACIÓN DE UN CORAZÓN DISCERNIDOR

Padre del cielo, sea santificado tu nombre dondequiera que yo vaya como tu embajador. Te pido sabiduría más allá de mis años para poder evitar los obstáculos del enemigo. Gracias por exponer sus malvadas tramas ante mi creciente discernimiento. Me quito mis máscaras y descanso en tu presencia. Examina mi corazón y saca ante tu brillante luz cualquier plan oculto. Te doy permiso para darme convicción de cualquier manera en la que haya cedido ante Satanás. Rindo mi pasado, mi presente y mi futuro a tus manos, Señor, y oro por un mayor grado de discernimiento al recorrer mis días y noches. Ayúdame a ejercer la autoridad de tu reino y a quitar cualquier obstáculo que bloquee el camino. Alabo tu nombre, Jesús, y te doy gracias. Amén.

11

CREAR UN LUGAR SEGURO: CULTIVAR UNA CULTURA DE SABIDURÍA Y FE

"A cualquiera que me oye estas palabras, y las pone en práctica, lo compararé a un hombre prudente, que edificó su casa sobre la roca".
— Mateo 7:24 (RVC)

A medida que discernimos nuestro camino al atravesar los problemas que nos confrontan diariamente, a veces podemos tener la sensación de estar caminando por un laberinto, chocándonos con frecuencia con paredes y calles sin salida. Yo sé lo que es eso; me he golpeado la cabeza contra muchas paredes en mi propio desarrollo personal de discernimiento. Sin embargo, así es como funciona el proceso de aprendizaje. Aun así, no estamos solos en este proceso; podemos ser parte de una comunidad de creyentes que nos ayude a movernos con seguridad por el laberinto y avanzar hacia la luz de la verdad y el discernimiento.

Yo comencé a aprender sobre laberintos muy pronto en la vida. Voy a contarte una historia bastante extraña sobre mi curiosidad de juventud que nunca he contado públicamente, pero que ilustra las posibilidades y los desafíos de crear una cultura de sabiduría y fe como un "lugar seguro" espiritual.

LECCIONES DE MI JUVENTUD

En la escuela secundaria me encantaba la biología, y participé en muchos experimentos de ciencia. Mi imaginación era capturada por las aventuras de Jacques Cousteau, y me emocionaba la idea de construir alojamientos seguros en el interior del océano donde los seres humanos pudieran vivir cómodamente. Creía que el océano era la última frontera disponible para sostener una población mundial explosiva. Por lo tanto, a los dieciséis años de edad y para mi entrada en la feria de ciencias de la escuela secundaria, intenté desarrollar un prototipo: una casa de cristal sellada e impermeable donde mi hámster pudiera vivir durante un largo periodo de tiempo rodeado del agua y los peces de mi acuario.

Me tomó semanas construir ese lugar seguro. Tras agotar los recursos en la biblioteca de la escuela, escribí a la biblioteca del estado preguntando por libros sobre perspectivas futuristas y supervivencia. Mi papá me ayudó a cortar el cristal para mi creación, e investigué toda forma de pegamento impermeable que existía. Incluso ideé una manera de bombear aire mediante un tubo, y desde luego, proporcioné agua y comida.

Para meter a mi hámster, Henry, en la casa bajo el agua, diseñé un complicado laberinto para que lo recorriera, con la recompensa de comida al final. Esta prueba preliminar duraría veintiún días antes de la gran inmersión. Cuando él recorriera el laberinto y llegara a su casa única bajo el agua, yo iba a probar los efectos de vivir a largo plazo bajo el agua. ¡Sencillamente sabía que estaba a punto de lograr un avance importante! Algunas personas podrían pensar que yo era un muchacho extraño, pero yo me consideraba el desarrollador visionario de casas seguras para las generaciones posteriores.

Sin embargo, las cosas no salieron como yo había planeado.

Henry terminó los veintiún días recorriendo mi difícil laberinto y se encontró en su nueva casa segura experimental debajo del agua. No le gustó. Parece que yo no había tenido en cuenta algunos detalles, como qué hacer con los desechos de hámster. Surgieron algunos otros problemas menores, como el de mantener la entrada y salida de aire. Creo que fue el tercer día de mis siete días propuestos cuando decidí que tendría que rescatar a Henry de su casa insegura. Lo saqué del contenedor de cristal, y me proponía volver a meterlo en el laberinto, pero él decidió que ya no quería participar en mi carrera. Lo imagino pensando: ¿Otros veintiún días en un laberinto? ¡Ah, olvídalo! Mostrando señales de desconcierto, ¡Henry cayó hacia un lado y entregó el aliento!

¡Hasta ahí llegó ganar el primer puesto en la feria de ciencias! Mi carrera de dominar la frontera final de la vida bajo el agua terminó oficialmente.

CREAR UN VERDADERO LUGAR SEGURO

Una ilustración extraña, ¿no es cierto? Pero quizá ese experimento de juventud me sirvió bien en los años posteriores. Grabó en mí un deseo de buscar la sabiduría por la cual pudiera construirse una verdadera casa segura. Mi interés se amplió mucho más: la construcción de una casa segura para el cuerpo de Cristo, un lugar que no solo pudiera protegernos de asaltos relacionados con la muerte de parte del enemigo, sino donde incluso nuestros comienzos imperfectos y fracasos pudieran ser transformados, un lugar que celebrara la fe para levantarse y volver a intentarlo.

Supongo que he seguido siendo un soñador hasta la fecha. Sueño que el cuerpo de Cristo es un lugar donde los nacimientos pueden ser caóticos, pero donde los bebés recién nacidos pueden aprender a gatear, ponerse de pie y caminar; un lugar donde los adolescentes pueden aprender de sus errores y los miembros de la comunidad pueden reunirse para alentarse unos a otros.

> SIGO CREYENDO EN ESTE LUGAR GRANDIOSO LLAMADO LA IGLESIA, DONDE EL AMOR TIENE LA ÚLTIMA PALABRA; UN LUGAR QUE CELEBRA LA FE PARA LEVANTARSE Y VOLVER A INTENTARLO.

Sí, sigo creyendo en este lugar grandioso llamado la Iglesia, donde el amor tiene la última palabra; y a lo largo de los años he descubierto algunas cosas básicas necesarias para construir un lugar espiritual seguro. Entre los elementos fundamentales que aparecen se incluyen los siguientes: (1) fe auténtica, (2) valores centrales piadosos, (3) caminar en la autoridad de Cristo, (4) caminar en comunidad, y (5) proclamaciones poderosas. Para incorporar cada uno de estos componentes debemos recibir, y dar, sabiduría de lo alto que está por encima de nuestros años de vida (ver Santiago 3:17).

1. FE AUTÉNTICA

MIRAR A JESÚS, PERMANECER EN DIOS

¿Cómo desarrollamos una fe auténtica? Cuando fijamos *"la mirada en Jesús, el iniciador y perfeccionador de nuestra fe"* (Hebreos 12:2), nuestra fe se hace más verdadera y más fuerte. Incluso nuestros peores fracasos se convierten en victorias cuando la fe los agarra con fuerza.

La fe nos da nuestra conexión con Dios. Como hemos estado aprendiendo a lo largo de este libro, nuestra habilidad para discernir la diferencia entre lo bueno y lo malo depende de la salud de esa conexión. De vez en cuando, a menudo sin querer hacerlo, nos vamos alejando de Dios porque somos atraídos por mensajes seductores que son contrarios a su Palabra, su voluntad y sus caminos. No nos damos cuenta al principio de que esas palabras se originan en el enemigo de nuestras almas, Satanás, porque suenan muy convincentes o atractivas. De algún modo olvidamos elementos esenciales de nuestra creencia, como los hechos de que Dios es bueno y que nos ama. Pero cuando traspasamos límites que solíamos respetar, también salimos del pasto seguro de Dios.

He obtenido una sabiduría extraordinaria del ministerio de Bill Johnson de la Iglesia Bethel en Redding, California. En su libro, *God Is Good* (Dios es bueno), Bill afirma adecuadamente: "Creer que Dios es bueno es absolutamente vital para llegar a ser eficaz en el ministerio del evangelio. Nuestra resistencia en representar bien a Jesús y coherentemente depende de este solo punto. Dios es bondad absoluta".[40]

Cuando perdemos de vista los elementos esenciales de nuestra creencia, nuestra fe se agita ante la brisa como los cordajes sueltos en un barco de vela, y no sabemos cómo volver a asegurarlos de inmediato. Este escenario no tiene que suceder tan frecuentemente si tenemos verdaderos lugares seguros donde la fe y el discernimiento de otros puedan apuntalar nuestra propia fe y discernimiento cuando son débiles. Si vivimos en el contexto de una comunidad sana dentro del cuerpo de Cristo, podemos ser reorientados rápidamente. También podemos tomar lo que hemos aprendido y utilizarlo para ayudar a otros de la misma manera que hemos recibido ayuda.

Estoy hablando de algo más que tener un lugar seguro donde personas puedan darnos buenos consejos, aunque los buenos consejos deberían estar disponibles en un lugar seguro. Más bien, un lugar seguro se caracteriza por la protección mutua: personas que se cuidan unas a otras y se interesan profundamente unas por

---

40. Bill Johnson, *God Is Good* (Shippensburg, PA: Destiny Image, 2016), p. 164.

otras. Los creyentes crean una cultura de lugar seguro cuando, juntos, viven la realidad del reino de Dios: se señalan unos a otros hacia el Señor y se recuerdan unos a otros cómo opera la fe. Se refugian del desierto espiritual del mundo en general; comparten perspectivas y luchas de la vida real; oran y proclaman la verdad que llega directamente de la Palabra de Dios. Y en lugar de salir corriendo a la primera señal de tensión interpersonal (siguiendo el paso de la "cultura de divorcio" del mundo que les rodea), permanecen juntos, perdonan, y solucionan las cosas. No hay una única estrella del rock o llanero solitario entre ellos.

¿Te resultan ajenas estas palabras? ¿O has sido bendecido en tu iglesia o familia con un lugar seguro así? Es mi convicción que no podemos desarrollarnos y crecer como parte del cuerpo de Cristo sin tener un lugar como ese. Cuando intentamos vivir para Dios por nosotros mismos, somos como ovejas necias que pastan en el límite del rebaño, convirtiéndose en presa fácil para el enemigo: el león que *"ronda como león rugiente, buscando a quién devorar"* (1 Pedro 5:8). La voz del Pastor es más difícil de discernir mientras más te alejes del pasto seguro.

Crear una cultura de fe es, a la vez, una meta y un estilo de vida. Antes cité a Bill Johnson de la Iglesia Bethel. De manera muy intencional, la Iglesia Bethel y otros cientos de iglesias están alimentando una cultura alternativa de fe y honra mutua que también está vigorizada por un alto nivel de expectativa por oír la voz de Dios. Es contagioso.

Ya que Dios es el Lugar Seguro supremo para cada uno de nosotros, y como su Espíritu habita en nuestro interior individual y colectivamente, nos necesitamos verdaderamente unos a otros en la iglesia. Construyamos juntos fe auténtica, comenzando con afirmar nuestra confianza en el Dios que nos permite habitar *"al abrigo del Altísimo"*:

El que habita al abrigo del Altísimo se acoge a la sombra del Todopoderoso. Yo le digo al Señor: «Tú eres mi refugio, mi fortaleza, el Dios en quien confío». (Salmos 91:1-2)

CUANDO PERDEMOS DE VISTA LOS ELEMENTOS ESENCIALES DE NUESTRA CREENCIA, NUESTRA FE SE AGITA ANTE LA BRISA COMO LOS CORDAJES SUELTOS EN UN BARCO DE VELA.

CONTRARRESTAR EL TEMOR

Otra manera de cultivar fe auténtica es sustituir nuestro temor por confianza en el poder y la provisión de Dios. Jesús advirtió que en los tiempos difíciles que llegarían, los corazones de muchas personas desfallecerían debido al temor (ver Lucas 21:26). El temor es lo contrario a la fe; por lo tanto, cultivar fe es la única manera de contrarrestar el temor que surge en nuestro interior en momentos de problemas. Esa fe, sin embargo, debe estar firmemente arraigada en la victoria de Jesús en la cruz. Tal fe no puede aprenderse mediante la memorización de hechos, no puede ser heredada de un padre o una madre, ni se puede comprar en la Internet. La fe es un elemento vivo, y debe alimentarse diariamente.

Junto con otros creyentes, podemos trabajar para crear una cultura de fe en medio de una cultura muy real de temor. Las potestades de maldad siguen activas en toda la tierra y en todo momento, ya sea que la persona promedio pueda discernir o no sus estrategias. La prevalencia del temor en el mundo debería demostrar que la maldad demoniaca no está muerta. Las personas sufren por la oscuridad, aunque el Jesús crucificado puso a Satanás debajo de sus pies de una vez para siempre cuando resucitó de la muerte. Quienes están fuera del cuerpo de Cristo no pueden encontrar la seguridad de un lugar seguro, aunque hagan todos los esfuerzos por encontrarla. No se les ocurre que la iglesia tiene lo que ellos buscan; simplemente no conocen la historia completa.

En la cruz, cuando Jesús gritó: *"Consumado es"* (Juan 19:30) y después envió su Espíritu para habitar en los corazones de sus seguidores, estaba creando para nosotros no solo el mejor lugar seguro, sino también el único y verdadero. Hasta la fecha, Él sigue diciendo a los creyentes fieles lo que dijo por medio del profeta Hageo: *"Mi Espíritu permanece en medio de ustedes... No teman"* (Hageo 2:5). Debemos entender que es nuestra fe, compartida con otros, la que impone la victoria del Calvario. Juntos trabajamos y oramos para que el reino de Dios venga a la tierra como en el cielo. Aprendemos a discernir la mano de Él en los asuntos humanos y a colaborar con Él para suplantar a Satanás.

Un glorioso día, Jesús regresará para establecer plenamente el gobierno de su reino en la tierra. Lo que crees sobre eso influye significativamente en tu fe y, en consonancia, determina tu modo de vivir, como examinaremos en la sección siguiente.

2. VALORES FUNDAMENTALES PIADOSOS

LOS VALORES FUNDAMENTALES CREAN ESTILO DE VIDA

El Señor me habló sobre mis valores fundamentales hace más de cuarenta años atrás cuando yo era un pastor joven, y lo que aprendí entonces ha permanecido conmigo. En aquel momento, yo no pensaba a cuarenta, cincuenta, o cien años por delante; tan solo pensaba en la semana que venía y en mi sermón del domingo siguiente. Sin embargo, de repente se me ocurrió esta frase, y supe que venía de Dios: *Tu cosmovisión de los últimos tiempos determinará tu estilo de vida.*

El Señor no estaba delineando para mí cuál debería ser mi cosmovisión de los últimos tiempos. Simplemente estaba señalando que mis decisiones diarias, tomadas en conjunto, crearían mi estilo de vida. Inevitablemente, esas decisiones estarían basadas en mi fe. ¿Cómo serían afectados mis valores centrales por lo que yo pensaba sobre el regreso de Cristo? ¿Cómo interpretaría yo las Escrituras? ¿Me vería a mí mismo ayudando a traer a la tierra el reino de Dios? ¿Cuál podría ser mi contribución a este propósito? ¿Qué tipo de educación adquiriría en relación con ello?

Con el tiempo, mi cosmovisión y mi enfoque de todo en la vida se han dirigido a estar en consonancia con estos cuatro valores bíblicos fundamentales:

1. Dios es bueno, todo el tiempo.
2. Nada es imposible para Dios.
3. Todo lo que necesitaba lograrse quedó completado en el Calvario.
4. Como embajadores de Cristo, nosotros cargamos la autoridad delegada a nosotros por el Rey de reyes, junto con su realeza.

Repito: han pasado cuarenta años desde que el Señor me habló por primera vez sobre valores fundamentales, y tal como han resultado las cosas, he dedicado mi vida a levantar a personas que están tan llenas con el Espíritu Santo que su luz brillando por medio de ellas puede sustituir a la oscuridad. Me he esforzado por entender el reino de Dios, y como los hijos de Isacar, discernir los tiempos y las edades para enseñar a las personas a vivir sabiamente (ver 1 Crónicas 12:32). Puede que no haya tenido éxito en todos los aspectos, pero pretendo terminar tan bien como pueda. Quiero vivir y compartir una cultura auténtica de sabiduría y fe hasta el día en que Dios me llame a ir al hogar.

LOS VALORES FUNDAMENTALES MOLDEAN ACTITUDES Y EXPECTATIVAS

A nuestro enemigo le gustaría desviarnos de los propósitos de Dios insertando en nuestra mente creencias impías, pero el

Espíritu nos ayuda a destapar esas fortalezas negativas, y con su ayuda podemos sustituirlas por actitudes y aplicaciones positivas.[41] Por ejemplo, cuando descubro que estoy siendo plagado por el temor a que Dios me haya pasado por alto, dando cosas buenas a otras personas, pero no a mí, declaro la verdad de que Dios es bueno, todo el tiempo. Permito que mis valores bíblicos fundamentales moldeen mis actitudes y expectativas. De otro modo, veré mis recuerdos de experiencias pasadas, mis tribulaciones presentes, y mi futuro incierto con unos lentes oscuros, y mi fe flaqueará.

Me aferro a esta verdad: no peleamos *hacia* la victoria; peleamos *desde* la victoria. Jesús ya ha ganado la batalla; Él ha vencido al mundo. Así, cuando la maldad me inunda y soy tentado a desesperarme, puedo discernir los esfuerzos desesperados del diablo para persuadirme de que la victoria de Jesús no es verdadera.

También aprendo a aceptar las circunstancias aleccionadoras en las que me encuentro. He adoptado una nueva actitud acerca de la humildad. El mundo me dice que debería ser poderoso, capaz, fuerte, respetado... a la vez que muestro una fachada de falsa modestia de modo que nadie me criticará. Pero Jesús me dice que la verdadera humildad allana el camino hacia el tipo de éxito de Él. He descubierto mediante la experiencia que la falsa humildad negará mi verdadero destino, mientras que la verdadera humildad me llevará hacia él. Deberíamos presumir de lo que Cristo ha logrado ya, no de nuestra capacidad humana para que se produzcan su gobierno y reinado terrenales.

La única manera en que tú y yo podemos hacer algún bien en esta tierra y ayudar a traer el reino de Dios es dejar que su luz brille mediante nuestro yo quebrantado y humilde. Cuando leemos una profecía mesiánica como esta de Isaías, podemos discernir el desarrollo maduro del plan de Dios:

---

41. De nuevo, el apoyo bíblico para esto viene de 2 Corintios 10:5: *"Destruimos argumentos y toda altivez que se levanta contra el conocimiento de Dios, y llevamos cautivo todo pensamiento para que se someta a Cristo"*.

El Espíritu del Señor omnipotente está sobre mí, por cuanto me ha ungido para anunciar buenas nuevas a los pobres. Me ha enviado a sanar los corazones heridos, a proclamar liberación a los cautivos y libertad a los prisioneros, a pregonar el año del favor del Señor y el día de la venganza de nuestro Dios, a consolar a todos los que están de duelo, y a confortar a los dolientes de Sión. Me ha enviado a darles una corona en vez de cenizas, aceite de alegría en vez de luto, traje de fiesta en vez de espíritu de desaliento. Serán llamados robles de justicia, plantío del Señor, para mostrar su gloria.

(Isaías 61:1-3)

Jesús, el Mesías, es la Luz del mundo. No hemos de limitarnos a mirarlo a Él y reflejar su gloria; más bien, su gloria debería salir de nosotros como explosión. No negamos la oscuridad, pero sí negamos su finalidad. Como nos alienta Isaías 60:1, nos levantamos y dejamos brillar su luz por medio de nosotros. "A quienes [el pueblo de Dios] *Dios quiso dar a conocer las riquezas de la gloria de este misterio entre los no judíos, y que es Cristo en ustedes, la esperanza de gloria*" (Colosenses 1:27 RVC).

Esforcémonos por crear una cultura del reino sana en la que todos los creyentes puedan hacer brillar su luz juntos y así inundar el reino de las tinieblas, incluidos todo espíritu religioso y político, todo espíritu de orgullo, el espíritu del anticristo, y cualquier otra cosa que el enemigo decida lanzarnos a la cara.

> ESFORCÉMONOS POR CREAR UNA CULTURA DEL REINO SANA EN LA QUE TODOS LOS CREYENTES PUEDAN HACER BRILLAR SU LUZ JUNTOS Y ASÍ INUNDAR EL REINO DE LAS TINIEBLAS.

3. CAMINAR EN LA AUTORIDAD DE CRISTO

Caminar en la autoridad de Cristo es otro ingrediente importante de un lugar espiritual seguro. Cuando Dios creó a Adán y Eva, les dijo que tuvieran dominio sobre todas las cosas de la tierra y las subyugaran (ver Génesis 1:26, 28). En otras palabras, les dio la autoridad para actuar como sus administradores. Eso no era lo mismo que haberles dado *propiedad* de todas las cosas de la tierra. Dios era el dueño de todo, y lo sigue siendo. *"Del Señor es la tierra y todo cuanto hay en ella, el mundo y cuantos lo habitan."* (Salmos 24:1)

Sin embargo, como ya sabemos, Adán y Eva escogieron desobedecer el claro mandamiento de Dios, y su desobediencia causó una grave separación entre Dios y ellos (ver Génesis 2:17; 3:6-11, 22-23). Peor que eso, su decisión constituyó *obediencia voluntaria a Satanás*. Ahora eran sus esclavos, e igualmente lo fueron sus descendientes.[42] Así, la autoridad que Dios les había dado fue entregada al enemigo.

Recordemos que no fue la propiedad, solamente la autoridad. Por eso Satanás utilizó esta terminología cuando tentó a Jesús en el desierto:

"Sobre estos reinos y todo su esplendor te daré la autoridad, porque a mí me ha sido entregada, y puedo dársela a quien yo quiera" (Lucas 4:6). Satanás es el *"príncipe de la potestad del aire"* (Efesios 2:2 RVR1960), y se le dio el derecho temporal de actuar en la atmósfera de la tierra.

La autoridad, sin embargo, fue entregada otra vez a Jesús cuando Él pagó el precio de rescate por la humanidad pecadora, la vida de un Hombre sin pecado por todos los pecadores. Con su propia vida, Él compró de nuevo la autoridad. Por eso Jesús dijo a sus discípulos justamente antes de su ascensión a los cielos: *"Se me ha dado toda autoridad en el cielo y en la tierra"* (Mateo 28:18).

---

42. *"¿Acaso no saben ustedes que, si se someten a alguien para obedecerlo como esclavos, se hacen esclavos de aquel a quien obedecen, ya sea del pecado que lleva a la muerte, o de la obediencia que lleva a la justicia?"* (Romanos 6:16 RVC).

Jesús triunfó sobre Satanás, desarmó a las potestades de maldad, y recuperó la autoridad que había sido entregada a las tinieblas por el pecado de Adán. ¡Jesús es el Señor de todo!

> Él es la imagen del Dios invisible, el primogénito de toda creación, porque por medio de él fueron creadas todas las cosas en el cielo y en la tierra, visibles e invisibles, sean tronos, poderes, principados o autoridades: todo ha sido creado por medio de él y para él. Él es anterior a todas las cosas, que por medio de él forman un todo coherente. Él es la cabeza del cuerpo, que es la iglesia. Él es el principio, el primogénito de la resurrección, para ser en todo el primero. Porque a Dios le agradó habitar en él con toda su plenitud y, por medio de él, reconciliar consigo todas las cosas, tanto las que están en la tierra como las que están en el cielo, haciendo la paz mediante la sangre que derramó en la cruz. (Colosenses 1:15-20)

¿Qué hizo Jesús con la autoridad que recuperó? Casi de inmediato volvió a dársela a la humanidad: a sus seguidores, a aquellos en quienes habitaría su Espíritu (ver, por ejemplo, Juan 20:20-22; Hechos 1:8; Lucas 24:47). Esta es la realidad espiritual en la que vivimos, y nuestro discernimiento y nuestras decisiones deberían estar cada vez más en consonancia con ello. Pablo hizo esta oración por los creyentes efesios, y podemos hacerla por nosotros mismos para que podamos entender mejor esta realidad espiritual:

> Pido también que les sean iluminados los ojos del corazón para que sepan a qué esperanza él los ha llamado, cuál es la riqueza de su gloriosa herencia entre los santos, y cuán incomparable es la grandeza de su poder a favor de los que creemos. Ese poder es la fuerza grandiosa y eficaz que Dios ejerció en Cristo cuando lo resucitó de entre los muertos y lo sentó a su derecha en las regiones celestiales, muy por encima de todo gobierno y autoridad, poder y dominio, y de cualquier otro nombre que se invoque, no solo en este mundo, sino también en el venidero.

> *Dios sometió todas las cosas al dominio de Cristo, y lo dio como cabeza de todo a la iglesia. Esta, que es su cuerpo, es la plenitud de aquel que lo llena todo por completo.*
>
> (Efesios 1:18-23)

Armados con la autoridad que viene del nombre de Jesús, ahora tenemos que salir al mundo a hacer discípulos (ver la Gran Comisión de Jesús en Mateo 28:19-20). Dondequiera que vayamos, también va el Espíritu de Jesús. ¡Y mayor es Aquel que está en nosotros que el que está en el mundo! (ver 1 Juan 4:4).

Recordemos que cuando caminamos en la autoridad de la Palabra de Dios, caminamos en seguridad. Necesitamos lograr un entendimiento sólido de los principios bíblicos para así poder discernir y decidir sabiamente, y también ayudar a crear y mantener la cultura de sabiduría y fe que es tan importante.

4. CAMINAR EN COMUNIDAD

Ya hemos comenzado a ver cómo caminar en comunidad con otros creyentes es un aspecto esencial de un lugar espiritual seguro, a medida que crecemos juntos y continuamos el ministerio de Jesús en la tierra. El cuerpo de Cristo es el "edificio" de Dios, y sigue siendo una obra en progreso pero útil para Él:

> *En efecto, nosotros somos colaboradores al servicio de Dios; y ustedes son el campo de cultivo de Dios, son el edificio de Dios. Según la gracia que Dios me ha dado, yo, como maestro constructor, eché los cimientos, y otro construye sobre ellos. Pero cada uno tenga cuidado de cómo construye.*
>
> (1 Corintios 3:9-10)

Estamos siendo *"edificados juntamente"* como una habitación para el Espíritu de Dios: *"En él también ustedes son edificados juntamente para ser morada de Dios por su Espíritu"* (Efesios 2:22). Y eso significa que estamos siendo edificados juntamente como personas de fe que operan dentro de una cultura de fe:

> Por eso, de la manera que recibieron a Cristo Jesús como Señor, vivan ahora en él, arraigados y edificados en él, confirmados en la fe como se les enseñó, y llenos de gratitud.
> (Colosenses 2:6-7)

Juntos, como el cuerpo de Cristo, hemos sido autorizados a hacer las obras de Jesús en el mundo hoy día, incluyendo señales y maravillas, y echar fuera demonios (ver Marcos 16:17, Santiago 4:7, y muchos otros pasajes del Nuevo Testamento). Ninguna potestad de maldad puede vencernos, cuando vivimos juntos en amor y fe (ver Eclesiastés 4:12).

Vuelvo a pensar en el profeta Daniel, que fue capturado por los babilonios cuando era joven y exiliado a las cortes del rey Nabucodonosor y reyes sucesivos durante el resto de su larga vida. Daniel estaba en el exilio, pero no estaba solo; tenía con él a sus tres amigos: Sadrac, Mesac y Abednego. Juntos crearon una cultura de sabiduría y fe que soportó muchas intimidaciones, incluidas amenazas de muerte. Juntos se refugiaron bajo las alas protectoras de Dios. El relato bíblico de sus valientes actos nos proporciona una vislumbre gráfica de lo que es un lugar seguro colectivo (ver el libro de Daniel). Caminando en comunidad, ellos ilustraron la verdad de este versículo: *"Esta es la victoria que vence al mundo: nuestra fe"* (1 Juan 5:4).

> NINGUNA POTESTAD DE MALDAD PUEDE VENCERNOS, CUANDO VIVIMOS JUNTOS EN AMOR Y FE.

5. PROCLAMACIONES PODEROSAS

Veamos otro componente esencial de una cultura de sabiduría y fe: el poder de la proclamación. Desde la proclamación en oración hasta la proclamación profética, nuestra cultura de fe se extiende y echa raíces profundas a medida que la verdad de Dios es anunciada a oídos que escuchan. Fundamentalmente, proclamamos la grandeza de Dios:

> *Proclamaré el nombre del Señor. ¡Alaben la grandeza de nuestro Dios! Él es la Roca, sus obras son perfectas, y todos sus caminos son justos. Dios es fiel; no practica la injusticia. Él es recto y justo.* (Deuteronomio 32:3-4)

Recordemos siempre que no estamos orando y proclamando *hacia* la victoria; oramos y proclamamos *desde* un lugar de victoria. Hay poder auténtico en las revelaciones proféticas cuando las proclamamos dentro de la comunidad de la Iglesia y al mundo. Como pueblo de Dios, conocemos al Señor y conocemos la voz de nuestro Pastor. El Dios que creó la comunicación en todas sus formas es perfectamente capaz de hacerse entender; Él nos habla a cada uno de nosotros de maneras que no solo podemos captar, sino también comprender. Él sabe cómo hablar el lenguaje de tu alma, y te dará un canto para cantar al mundo.

Tú y yo, que llevamos el Espíritu de Dios, podemos proclamar las buenas noticias de salvación dondequiera que vamos. En una cultura de fe sabia, tras dirigir proclamaciones a Dios mismo, exaltando su grandeza, nos levantamos y declaramos libertad para las personas que caminan en tinieblas, libertad de las potestades espirituales de maldad:

> *El Espíritu del Señor omnipotente está sobre mí, por cuanto me ha ungido para anunciar buenas nuevas a los pobres. Me ha enviado a sanar los corazones heridos, a proclamar liberación a los cautivos y libertad a los prisioneros, a pregonar*

> el año del favor del Señor y el día de la venganza de nuestro Dios, a consolar a todos los que están de duelo, y a confortar a los dolientes de Sión. Me ha enviado a darles una corona en vez de cenizas, aceite de alegría en vez de luto, traje de fiesta en vez de espíritu de desaliento. Serán llamados robles de justicia, plantío del Señor, para mostrar su gloria.
>
> (Isaías 61:1-3)

Nuestras proclamaciones valientes y llenas de fe cambian la atmósfera espiritual, llenándola de la luz y la presencia de Dios. No somos personas que solamente esperamos nuestro momento, manteniéndonos alejados de los problemas y esperando escapar de este mundo turbulento. En cambio, llevamos la presencia de Dios precisamente al mundo que nos rodea, proclamando su señorío, supremacía y amor. Nos acercamos e intercedemos. Rompemos ataduras y liberamos a personas de la cautividad.

Todo el tiempo, quienes habitamos en el lugar seguro de Dios nos alegramos en su grandeza, bondad y amor. Podemos decir que hemos visto al Señor con nuestros propios ojos porque hemos discernido su obra en muchos lugares, de los cuales nuestros propios corazones no son los últimos.

ALCANZAR UNA ESFERA MÁS ALTA

Ven conmigo: ¡alcancemos el cielo! Tomemos una decisión vinculante de no dejar nunca, nunca, de caminar juntos, con el Señor Jesucristo y los unos con los otros.

> La palabra de Cristo more en abundancia en vosotros, enseñándoos y exhortándoos unos a otros en toda sabiduría, cantando con gracia en vuestros corazones al Señor con salmos e himnos y cánticos espirituales. Y todo lo que hacéis, sea de palabra o de hecho, hacedlo todo en el nombre del Señor Jesús, dando gracias a Dios Padre por medio de él.
>
> (Colosenses 3:16-17 RVR1960)

Dios viene *a* nosotros antes de venir *por* nosotros. Venga lo que venga, seamos discernidores que esperan el regreso de Jesús y se preparan para Él sabiamente, apoyándose unos en otros y ayudándose unos a otros a mantenerse fuertes en los valores fundamentales del reino de Dios. Construyamos una cultura de sabiduría y fe, floreciendo allí donde Él haya plantado a cada uno.

ORACIÓN DE UN CORAZÓN DISCERNIDOR

Padre misericordioso, decido no olvidar la asamblea de los creyentes. Proclamo que estamos mejor juntos. Juntos, tenemos más fe, más poder y más autoridad. Decido seguir el camino del amor que crea lugares seguros. Proclamo que tengo más fe en tu capacidad de guardarme que en el temor a la capacidad del enemigo de engañarme. En medio de una cultura de fe, renuncio al espíritu de temor y a cualquier doctrina o relaciones del pasado en mi vida que hayan fomentado una cultura de temor paralizante. Me regocijo en el poder limpiador de la sangre de Jesús, y quiero llevar a otros las buenas noticias de salvación.

Padre, ¡tu reino no tiene fecha de expiración! Gracias más allá de las palabras por llamarme a ser parte de tu familia de la fe. Gracias más allá de las palabras por llamarme a ser un residente de tu casa segura. En el precioso nombre de Jesús, amén.

12

EL PROPÓSITO SUPREMO DE LA REVELACIÓN: LA PALABRA SE HACE CARNE

> *"Y la Palabra se hizo carne, y habitó entre nosotros, y vimos su gloria (la gloria que corresponde al unigénito del Padre), llena de gracia y de verdad".*
> — Juan 1:14 (RVC)

Una de las alegrías en mi vida son las personas con las que tengo el honor de trabajar. Una de ellas es Jeffrey Thompson, director ejecutivo de mi ministerio: God Encounters Ministries. A continuación nos habla de una experiencia reveladora que tuvo con el Señor y que expresa el tema de este capítulo:

> Un día, no hace mucho tiempo, se me brindó la oportunidad de predicar en la iglesia en la que sirvo a media jornada en el equipo pastoral. Después de dar el mensaje en el servicio de adoración, me sentí realmente bien al respecto. Parecía haber sido inspirado tanto en el contenido como en la expresión; por lo tanto, le pregunté al Señor: "Señor, ¿me has llamado a predicar?".

El Señor me respondió inmediatamente en mi espíritu, diciendo: "No, te he llamado a encarnar".

Él estaba recolocando mis prioridades, recordándome que el final no es solamente la predicación, la enseñanza, o cualquier otra cosa; el final es la relación con Jesucristo, y mientras más completamente camine con Él, más encarnaré de Él. Con "encarnar" me refiero a que Él toma forma de carne en mí. Soy llamado a llevar a la sala conmigo su amor, sabiduría, paz y esperanza para que las personas puedan verlo a Él.

Eso lo expresa bien. El subtítulo de este libro es *Escuchar, confirmar y actuar sobre la revelación profética*, y eso encaja bien. Pero en última instancia, *El discernidor* es un libro sobre encarnación. No tan solo habla de la encarnación histórica del Hijo de Dios como un hombre judío llamado Jesús hace más de dos mil años atrás, sino también sobre la encarnación de Jesús en cada uno de sus seguidores, en ti y en mí. Cada uno de nosotros ha sido llamado a encarnarlo a Él.

TRANSFORMADO POR LA REVELACIÓN

¿Cómo ocurre esta encarnación? En primer lugar, Jesús nos capacita para *recibir* su revelación y para *discernir* su mensaje entre el caos de muchas voces que compiten. ¡Después nos capacita para *convertirnos en* la revelación! Crecemos en nuestra semejanza a la Palabra de Dios. Encarnamos la Palabra.[43]

El caminar de fe, que comienza como una relación personal con Dios avanza hacia una relación reveladora a medida que aprendemos cómo se expresa Él a sí mismo de muchas maneras. Para la mayoría de nosotros, esto es suficiente. Y es cierto que no hay final en lo que necesitamos aprender sobre relación y revelación en nuestra aventura continuada, de toda la vida, con Dios. Pero

---

43. Ver Juan 1:14 al principio de este capítulo.

nuestra meta final es llegar a ser transformados a su imagen tan totalmente, que podamos representarlo a Él mientras vivimos en la tierra.

Es una progresión santa: la relación produce revelación, y relación y revelación juntas dan lugar a la encarnación.

¿Habías pensando alguna vez en eso? Repasemos los puntos básicos: en la Biblia se hace referencia a Jesús como la Palabra: la Palabra o el Verbo que se hizo carne y habitó entre nosotros, la Palabra que es el glorioso y unigénito Hijo de Dios, lleno de gracia y de verdad (ver Juan 1:1, 14). En cierto modo, gran parte del cuerpo de Cristo y del movimiento profético global no han apreciado estas verdades fundamentales. No hemos de recibir solamente revelación, ¡sino también hemos de convertirnos en cartas vivas para que todos las lean![44]

El unigénito Hijo de Dios sigue habitando entre nosotros; su Espíritu vive en cada uno de nosotros que ha declarado Señor a Jesús. Él nos habla, y nosotros podemos escucharlo. Con gracia, Él nos revela su verdad. Su revelación adopta muchas formas, y la compartimos dentro y más allá del cuerpo de Cristo.

Y esa revelación nos transforma, ¿no es cierto? Somos cada vez más como Él en su amor. Puede que sintamos que nos tambaleamos y nos caemos como niños pequeños que están aprendiendo a caminar, pero sí aprendemos a caminar. Finalmente, nuestros pasos son más firmes. La relación ha conducido a la revelación, y la revelación ha conducido a la encarnación.

En un sentido muy real, a medida que recibimos, incorporamos y expresamos las palabras de Jesús, nos convertimos en una carta viva para que otras personas la lean. Los discernidores graban la Palabra de Dios en su corazón, su alma y su mente; no solo pueden discernir lo bueno y lo malo cada vez con mayor habilidad, sino que

---

44. Puedes aprender más sobre el cristianismo de encarnación en mi libro *The Lost Art of Practicing His Presence* (El arte perdido de la práctica de su presencia), (Shippensburg, PA: Destiny Image, 2006).

también pueden decidir qué hacer con esa información. Aprenden a derribar toda fortaleza que se levanta contra el conocimiento de Dios (ver 2 Corintios 10:5). Aprenden lo que significa tomar su cruz diariamente y negarse a sí mismos (ver Lucas 9:23), de modo que pueden vivir la nueva realidad de "Cristo en nosotros, la esperanza de gloria, lleno de gracia y de verdad" (ver Colosenses 1:27).

Los discernidores no operan por sí mismos, porque se alían con otros seguidores de Cristo con el mismo sentir. Aprecian los diversos dones que Dios ha dado a los miembros de su cuerpo; pueden ver cómo obran juntamente los dones y las gracias de Dios para preparar a la iglesia, como la novia de Cristo, para su Novio, Jesús:

> *Cristo amó a la iglesia y se entregó por ella para hacerla santa. Él la purificó, lavándola con agua mediante la palabra, para presentársela a sí mismo como una iglesia radiante, sin mancha ni arruga ni ninguna otra imperfección, sino santa e intachable.* (Efesios 5:25-27)

> CON EL AMOR DE CRISTO, Y SU PODER, CARÁCTER Y MENTE ENCARNADOS EN NOSOTROS, LA IGLESIA ES INSUPERABLE.

Vinculándolo todo está el amor (ver Colosenses 3:14). Yo aprendí de uno de mis mentores proféticos, el vidente Bob Jones, a hacer las preguntas: "¿Mostré amor? ¿Aprendí a amar?". Con el amor de Cristo, y su poder, carácter y mente encarnados en nosotros, la Iglesia es insuperable. El enemigo puede golpearnos, pero no puede eliminarnos. Individualmente y colectivamente, somos como la cuerda irrompible de tres hilos del proverbio de Eclesiastés: "*Uno solo puede ser vencido, pero dos pueden resistir. ¡La cuerda de tres hilos no se rompe fácilmente!"* (Eclesiastés 4:12). Como individuos y como cuerpo, nunca dejamos de crecer en la plenitud de la relación, los dones, el fruto, la revelación, la sabiduría y la encarnación.

CAMINAR EN EL CRISTIANISMO DE ENCARNACIÓN

PRESENTAR A JESÚS AL MUNDO

Todo esto es para decir una cosa: todo el propósito de la revelación profética y, por lo tanto, el propósito del discernidor de revelación es de encarnación: presentar a Jesús al mundo. Esta es la razón de que escuchemos y tengamos comunión con Dios de manera interactiva en todas sus dimensiones. Juntamente con todos aquellos que caminan con Jesús, llevamos su mensaje al mundo.

Cuando el apóstol Juan estaba registrando la magnífica revelación que recibió cuando estaba en la isla de Patmos, escribió:

Yo me postré a sus pies [del ángel] *para adorarlo, pero él me dijo: ¡No hagas eso! Yo soy consiervo tuyo, y de tus hermanos que retienen el testimonio de Jesús. Adora a Dios. Pues el testimonio de Jesús es el espíritu de la profecía.*

(Apocalipsis 19:10 RVC)

Para nosotros como discernidores, la frase clave aquí es *"tus hermanos que retienen el testimonio de Jesús"*. Si recibir revelación no conduce a otros a una mayor conciencia de quién es Cristo Jesús, y si no nos conduce a nosotros a una búsqueda más apasionada de Él, entonces algo está mal. Muchas personas tienen información histórica e incluso conocimiento doctrinal sobre Jesús, pero debemos tener una revelación personal de Él. No podemos encontrar eso sin la ayuda de su Espíritu Santo, porque es necesario Dios para conocer a Dios. Uno de los papeles del Espíritu Santo es hacer a Jesús real para nosotros, hacernos capaces de conocerlo a Él y seguirlo. A medida que lo conocemos a Él, le damos a conocer mediante nuestras palabras y nuestro estilo de vida. Lo encarnamos a Él, llevando su testimonio a todo lugar.

Por lo tanto, cuando hablamos de recibir y liberar revelación profética, no nos referimos principalmente a predecir el futuro, sino más bien a mostrar el mensaje y la persona de Jesús al mundo que nos rodea. Eso es algo que tú y yo podemos hacer. Con el Espíritu Santo ayudándonos, podemos "mostrar y decir" al mundo que Jesús es Señor y Mesías (ver Mateo 16:13-17; 1 Corintios 12:3).

La revelación profética verdadera es poderosa; entra en los corazones endurecidos y en la incredulidad. Pensemos en cómo obró en el Nuevo Testamento. Cuando Jesús le dijo a Natanael que lo había visto bajo la higuera, Natanael y otros creyeron que Jesús era el Mesías (ver Juan 1:43-51). Cuando Jesús reveló a la mujer samaritana en el pozo "todo lo que ella había hecho", y ella habló a las personas de su aldea al respecto, muchos de los aldeanos llegaron a creer en Él como el Hijo de Dios (ver Juan 4:7-26). Este es el estilo de vida de revelación en el que hemos de caminar hoy día. Vivir una vida de revelación puede cambiar las vidas de las personas. Y a medida que tú y yo caminamos con Jesús, entramos en esa misma y poderosa corriente de revelación en la que Él caminó.

ENCUENTROS REVELADORES CON JESÚS HOY DÍA

Hace unos años atrás fui a Indonesia para ministrar en una conferencia con Bill Johnson, Ché Ahn y Heidi Baker. Indonesia, formada por miles de islas en el sureste de Asia, es la nación con mayor población musulmana en el mundo. Por seguridad, me asignaron un guardaespaldas personal que iba a todas partes conmigo. Era un musulmán dedicado que nunca en su vida había estado en una reunión en una iglesia. Tampoco le habían enseñado nunca la verdad de Jesús como Salvador y Señor, aunque su religión le había enseñado a creer que Jesús era uno de los profetas.

Cuando yo estaba en el podio hablando en una de las sesiones, mi guardaespaldas estaba de pie cerca de mí. Todo lo que yo enseñaba en la conferencia se traducía al idioma indonesio, de modo que él podía entenderlo; y durante mi mensaje, sin yo darme cuenta, él tuvo un encuentro revelador con Dios. De eso me enteré al día siguiente, justamente antes de levantarme para volver a dar una charla. Personas pasaban por turnos para compartir testimonios, y yo estaba sentado en la primera fila con algunos amigos que me traducían lo que las personas decían. Para mi sorpresa, mi guardaespaldas musulmán pasó al frente para testificar.

Comenzó diciendo: "Escuchen al profeta James Goll". No sé si alguien le dijo que me llamara así, pero me hizo pensar en el pasaje de la Biblia que dice que si recibimos a un profeta por tratarse de un profeta, recibiremos recompensa de profeta.[45] Entonces dijo: "Yo soy musulmán, y mientras estaba sirviendo al Profeta James Goll tuve una visión. Llegaron luz y gloria, y se me aparecieron muchos ángeles". Las personas aplaudieron. Cuando él terminó, yo pasé al frente para hablar.

Mientras estaba dando mi mensaje, este hombre tuvo una segunda visión, esta vez panorámica, mientras sus ojos fueron abiertos y estaba allí de pie como mi guardaespaldas. Esta vez, se le apareció Jesús junto con sus discípulos, y Jesús le habló diciendo: "¿Quieres ser uno de mis discípulos?". Allí mismo, traspasado por la revelación, este hombre entregó su corazón al Señor Jesucristo.

Cuando más tarde me enteré de eso, quedé asombrado. Nunca había sabido de nadie que tuviera una visión de Jesús con todos sus discípulos. Este poderoso encuentro tuvo resultados a largo plazo. El hombre era esposo y padre, y finalmente toda su familia entregó sus vidas a Jesús. En un viaje posterior a Indonesia, me dijeron que todos ellos eran parte de una iglesia local y habían sido bautizados

---

45. "*Cualquiera que recibe a un profeta por tratarse de un profeta recibirá recompensa de profeta; y el que recibe a un justo por tratarse de un justo recibirá recompensa de justo*" (Mateo 10:41).

en agua. Fue Dios quien se movió con señales y maravillas, ¡gloria al Señor!

Cuando tú, yo y otros llevamos al Espíritu de Dios a un lugar oscuro, la gloria de su luz barre todos los obstáculos y vence las tinieblas. Pueden suceder cosas asombrosas, las esperemos o no. Los dones de revelación son como misiles antitanque. Hacen añicos los planes del enemigo, sacan a la luz la oscuridad y dan libertad a los cautivos.

SI RECIBIR REVELACIÓN NO CONDUCE A OTROS A UNA MAYOR CONCIENCIA DE QUIÉN ES CRISTO JESÚS, Y SI NO NOS CONDUCE A NOSOTROS A UNA BÚSQUEDA MÁS APASIONADA DE ÉL, ENTONCES ALGO ESTÁ MAL.

UNA CULTURA DE HONRA

Cuando mi guardaespaldas indonesio me dio honra, estaba dando honra a mi Dios, y él fue recompensado abundantemente. La Biblia nos insta a cultivar una cultura de honra dentro del cuerpo de Cristo y dondequiera que vayamos. Por ejemplo, Pablo escribió a la iglesia en Roma: *"Ámense los unos a los otros con amor fraternal, respetándose y honrándose mutuamente"* (Romanos 12:10).

Cultivamos una cultura de honra dentro de la iglesia cuando elevamos a otros creyentes, estimándolos por sus aportaciones al reino de Dios. Esencialmente, los estamos honrando por encarnar a Cristo. Ninguna persona puede encarnar al Señor Jesucristo en todos los aspectos, desde luego. Pero colectivamente podemos personificarlo a Él.

En mi propia vida nunca me quedo sin personas a las que honrar, y honro a cada una de ellas por un motivo diferente. Pienso en todos ellos, desde mi propia madre que oraba, hasta el maestro apostólico y experto en crecimiento de la iglesia, C. Peter Wagner, que se graduó en la gloria mientras yo estaba trabajando en este libro. Pienso en Ché Ahn y Don Finto, maravillosos líderes apostólicos que han caminado conmigo en momentos buenos y también malos. Puedes consultar mi lista de lecturas recomendadas al final de este libro para encontrar a algunas de las muchas personas que honro por nombre. También añadiría a esa lista a muchas otras personas anónimas que quizá no hayan publicado libros, pero que han encarnado el amor de Cristo para mí. Son algunos de los creyentes verdaderos que han encarnado la compasión y las virtudes del Señor Jesucristo. Los honro a todos ellos. Soy un hombre muy agradecido.

ACTUAR EN EL ESPÍRITU OPUESTO

Al cultivar una cultura de honra, en realidad participamos en una forma de guerra espiritual. El enemigo no puede bloquear nuestro camino cuando actuamos de una manera que es opuesta a su espíritu de confusión, orgullo, control y destrucción. En palabras sencillas, vencemos el mal con el bien. Como lo expresó Pablo:

El amor debe ser sincero. Aborrezcan el mal; aférrense al bien. Ámense los unos a los otros con amor fraternal, respetándose y honrándose mutuamente. Nunca dejen de ser diligentes; antes bien, sirvan al Señor con el fervor que da el Espíritu. Alégrense en la esperanza, muestren paciencia en el sufrimiento, perseveren en la oración. Ayuden a los hermanos necesitados. Practiquen la hospitalidad. Bendigan a quienes los persigan; bendigan y no maldigan. Alégrense con los que están alegres; lloren con los que lloran. Vivan en armonía los unos con los otros. No sean arrogantes, sino háganse solidarios con los humildes. No se crean los únicos que saben. No paguen a nadie mal por mal. Procuren hacer lo bueno delante de todos. Si es posible, y en cuanto dependa de ustedes, vivan en paz con todos. No tomen venganza, hermanos míos, sino dejen el castigo en las manos de Dios, porque está escrito: «Mía es la venganza; yo pagaré», dice el Señor. Antes bien, "Si tu enemigo tiene hambre, dale de comer; si tiene sed, dale de beber. Actuando así, harás que se avergüence de su conducta». No te dejes vencer por el mal; al contrario, vence el mal con el bien. (Romanos 12:9-21)

Como cristianos que encarnan, los discernidores personifican la Palabra. Disciernen lo bueno y lo malo y reciben revelación, interpretación y aplicación adecuada. A propósito hacen distinciones piadosas y actúan según ellas con sabiduría y amor. Esto les permite ponerse en guardia contra el mal caminando en la naturaleza de Cristo.

Actuar en el espíritu opuesto, como enseñó Jesús en el Sermón del Monte (ver Mateo 5), es una de las mejores maneras de combatir el espíritu religioso o cualquier otro espíritu generalizado. Así, el juicio es vencido por la bendición, y la crítica por la evaluación redentora. El legalismo es desmantelado por la gracia. El debate competitivo es disipado por la conversación sabia y edificante. El engaño es traspasado por la verdad.

En este punto en el tiempo, cada acto de guerra espiritual está conduciendo a una batalla final. Nos corresponde a cada uno de nosotros llegar a ser discernidores que, como los sacerdotes de antaño de Sadoc (ver Ezequiel 44:15-32), no solo pueden distinguir la diferencia entre lo santo y lo profano, sino también enseñar a otros. Necesitamos aprender a vivir por las palabras de Jesús y también enseñarlas a otros. Con mucha frecuencia, nuestros actos hablan más alto que nuestras palabras.

Relación. Revelación. Encarnación. Este es nuestro objetivo, ¡esta es nuestra meta! Cuando recibimos, discernimos, y comunicamos revelación de Dios, nos convertimos en una palabra de parte de Él que penetra en la oscuridad encendiendo la luz.

ALCANZAR UNA ESFERA MÁS ALTA

He hablado sobre *"Cristo en ustedes, la esperanza de gloria"* (Colosenses 1:27). Como creación que personifica a Cristo Jesús, personificamos la esperanza, y la esperanza es una *Persona*. Incluso en los lugares más oscuros, dejamos brillar su luz. Somos embajadores para el reino de Dios, y juntos representamos a nuestro Rey en el mundo. *"Así que, somos embajadores en nombre de Cristo, como si Dios rogase por medio de nosotros; os rogamos en nombre de Cristo: Reconciliaos con Dios"* (2 Corintios 5:20 RVR1960).

En una ocasión estaba ministrando en la iglesia del Obispo Joseph Garlington, Covenant Church, en Pittsburgh, Pennsylvania, cuando justamente en mitad de mi sermón el Espíritu Santo me hizo una pregunta. En mi corazón escuché: ¿Cómo proyectas una sombra? En realidad no tenía ningún sentido para mí en ese momento. Seguí predicando, pero en mi interior estaba haciendo multitarea mientras pensaba en la pregunta.

Después de terminar de hablar, llamé a una decena de personas para que recibieran ministración. Estaba intentando discernir qué orar por ellos cuando recordé esa pregunta, y me hizo comenzar a cantar el viejo canto popular: "Mi sombra y yo". Mientras me movía, observé que las luces de la plataforma proyectaban una sombra destacable de mí mismo sobre el piso, de modo que comencé a dramatizar proféticamente las palabras. Cuando llegué a la frase "recorriendo la avenida", me moví a lo largo de la fila de personas, con mi sombra cayendo sobre cada una de ellas por turno; y ellas fueron llenas del poder del Espíritu Santo. ¡Vaya! ¡Él lo había vuelto a hacer! Su presencia había llegado y había cubierto a esos creyentes con su amor y su cuidado.

Más adelante, el Espíritu Santo compartió conmigo un secreto que respondió su pregunta: "¿Cómo proyectas una sombra?". Las personas que proyectan una sombra son quienes "andan en la luz". Tras recibir esa palabra, comencé a preguntar a las personas: "¿Es peligrosa tu sombra? ¿Confronta a las potestades de las tinieblas?". Ciertamente, los seguidores de Cristo proyectan una sombra al estar en su luz, y mientras más cerca estemos de la luz, más larga y más fuerte será la sombra. ¿Recuerdas lo que sucedía con la sombra de Pedro en la iglesia primitiva?

Y seguía aumentando el número de los que confiaban en el Señor. Era tal la multitud de hombres y mujeres que hasta sacaban a los enfermos a las plazas y los ponían en camillas para que, al pasar Pedro, por lo menos su sombra cayera sobre alguno de ellos. (Hechos 5:14-15)

¿No te gustaría ver cosas como esa en tu propia vida? Acércate más y más a Jesús. Apóyate sobre su pecho como hizo Juan (ver Juan 13:23). Escucha el latido de su corazón. Deja que los latidos de tu corazón vayan al ritmo del suyo; deja que ambos corazones latan como uno solo. Ve lo que sucede.

RELACIÓN. REVELACIÓN. ENCARNACIÓN. ESTE ES NUESTRO OBJETIVO, ¡ESTA ES NUESTRA META! CUANDO RECIBIMOS, DISCERNIMOS, Y COMUNICAMOS REVELACIÓN DE DIOS, NOS CONVERTIMOS EN UNA PALABRA DE PARTE DE ÉL QUE PENETRA EN LA OSCURIDAD ENCENDIENDO LA LUZ.

Al acercarnos a este capítulo final de *El discernidor*, que confío que haya sido instructivo, inspirador y revelador para ti, quiero asegurarme de que conoces un principio esencial: estas verdades no son para un grupo de élite de cristianos de clase alta. ¡No! Lo que he compartido contigo desde las profundidades de mi corazón es para todos los creyentes. El único requisito es tener hambre. ¿Tienes hambre de más y más del Señor? Puedes contar con la verdad de este dicho: "La profundidad de tu hambre es la longitud de tu acercamiento a Dios".

No sé de ti, pero yo quiero hacer algo más que escuchar una palabra de parte de Dios. Quiero *convertirme en* esa palabra. Ese es el propósito supremo de la revelación: que la Palabra se haga carne.

ORACIÓN DE UN CORAZÓN DISCERNIDOR

Padre nuestro, en el nombre de Jesús y como creyente del Nuevo Testamento, quiero convertirme en parte de la Palabra de Dios viva. Juntamente con otros en el cuerpo de Cristo, quiero llegar a ser más maduro y rendir mis sentidos al Espíritu Santo. Por gracia quiero crecer en mi discernimiento del bien y del mal. Quiero crecer en mi habilidad de recibir tu revelación y liberarla a otros tal como tú me guíes. Quiero llevar la fragancia del cielo dondequiera que vaya y tocar a otros con tu amor. Con fidelidad, quiero cultivar una cultura de honra y convertirme en un embajador de esperanza. Mi mayor esperanza es seguir en la compañía de discípulos de Jesús que personifican la Palabra de Dios hasta que dé mi último aliento en la tierra. ¡Con un gozoso amén!

LECTURAS RECOMENDADAS

Baker, Heidi. *La fuerza del amor*. Casa Creación, 2013.

Bevere, John. *La trampa de Satanás*. Casa Creación, 2013.

Hamon, Jane. *Sueños y visiones*. Caribe/Betania, 2001.

Jacobs, Cindy. *Libéranos del mal*. Casa Creación, 2012.

Johnson, Bill. *Dios es bueno*. Editorial Peniel, 2018.

LeClaire, Jennifer. *Manual del guerrero espiritual para derrotar a Jezabel*. Casa Creación, 2014.

Pierce, Chuck D. *Es hora de vencer al enemigo*. Casa Creación, 2011.

Prince, Derek. *Bendición o maldición*. Unilit, 2015.

Sandford, John y Paula Sandford. *La misión de Elías*. Casa Creación, 2016.

Sheets, Dutch. *La oración intercesora*. Spanish House, 1997.

Wagner, C. Peter. *Cómo ser libre del espíritu religioso*. Peniel, 2007.

Wagner, Doris M. *Cómo echar fuera demonios*. Grupo Nelson, 2014.

Welton, Jonathan. *Escuela de profetas*. Peniel, 2013.

Wimber, John y Kevin Springer. *Sanidad poderosa*. Caribe/Betania, 1997.

ACERCA DEL AUTOR

James Goll es el fundador del ministerio God Encounters Ministries. También es el fundador de Prayer Storm y Worship City Alliance, al igual que el cofundador de Women on the Frontlines y Compassion Acts. James es miembro del Equipo Apostólico de Harvest International Ministries y del Consejo Apostólico de Ancianos Proféticos. Sirve como instructor en el Instituto de Liderazgo Wagner.

Tras pastorear en el Medio Oeste, James se lanzó a la función de equipar y entrenar internacionalmente. Ha viajado mucho a más de cincuenta países, llevando una pasión por Jesús dondequiera que va. Su deseo es ver el cuerpo de Cristo convertirse en la casa de oración para todas las naciones y ser empoderado por el Espíritu Santo para extender las buenas nuevas de Jesús a cada nación y a todas las personas.

James y Michal Ann Goll estuvieron casados durante más de 32 años antes de que ella se graduara para entrar al cielo en el otoño de 2008. James tiene cuatro maravillosos hijos adultos, y un número creciente de nietos. Tiene su hogar en medio de las colinas sureñas de Franklin, Tennessee.

Para más información:

James W. Goll
God Encounters Ministries
P.O. Box 1653
Franklin, TN 37065
Teléfono: 1-877-200-1604

Páginas web:
www.godencounters.com ✦ www.jamesgoll.com

E-mail:
info@godencounters.com ✦ invitejames@godencounters.com

Redes sociales:

Sigue a James en
Facebook, Instagram, Twitter, XPMedia, GEM Media,
Kingdom Flame, YouTube, Vimeo, Charisma Blog y iTunes